MICHAELA PROKOP

SAUDI-ARABIEN

MICHAELA
PROKOP

SAUDI-ARABIEN

DIEDERICHS KOMPAKT

Bibliografische Information der Deutschen Bibliothek

Die Deutsche Bibliothek verzeichnet diese Publikation
in der Deutschen Nationalbibliografie;
detaillierte bibliografische Daten sind im Internet
über http://www.dnb.ddb.de abrufbar.

Textredaktion: Rainer Kühn, Hamburg
Karte: Susanne Bertenbreiter, München
Umschlaggestaltung:
Die Werkstatt München / Weiss · Zembsch
unter Verwendung eines Fotos von Picture Alliance
Produktion: Ortrud Müller
Satz: EDV-Fotosatz Huber/
Verlagsservice G. Pfeifer, Germering
Druck und Bindung: Druckerei Himmer, Augsburg
Printed in Germany 2005
ISBN 3-7205-2582-1

INHALT

KASTENTEXTE UND KARTE

EINFÜHRUNG

Seit den Anschlägen des 11. September ist Saudi-Arabien – ein Land, das bis dahin wenig Aufmerksamkeit erregte – zur Zielscheibe westlicher Kritik geworden. Als Geburtsland Osama bin Ladens und Heimat von 15 der 19 Attentäter des 11. September wurden das Königreich, sein Erziehungssystem und seine religiösen Institutionen und Traditionen als Brutstätte des Terrors bezeichnet. Mitglieder der saudischen Herrscherfamilie und religiöser Institutionen gerieten in Verdacht, Verbindungen zu al-Qaida zu unterhalten und unter dem Deckmantel von Wohlfahrtsverbänden eine Version des Islams zu verbreiten, die zum Hass gegen den Westen aufstachelt.

Nach dem 11. September als Terror-Exportland angeprangert, ist das Königreich in den vergangenen zwei Jahren selbst zum Terrorziel geworden. Am 12. Mai 2003 wurden bei dem Anschlag auf ein Gebäude, das überwiegend von Ausländern bewohnt war, 35 Personen getötet. Am 8. November folgte ein weiterer Anschlag, dem 17 Personen zum Opfer fielen. Am 1. Mai 2004 kamen in der Hafenstadt Yanbu sechs ausländische Arbeiter ums Leben, am 29. Mai 22 Personen in al-Khobar, und schließlich wurde der entführte Amerikaner Paul Johnson enthauptet.

Seit der Gründung des Königreichs im Jahre 1932 haben Beobachter schon oft den Untergang der Königsfamilie prophezeit, die Herrschaft der Al-Saud-

Familie erwies sich jedoch als überraschend lebensfähig. Die Stabilität des Landes ist von globaler Bedeutung, denn mit einem Viertel der bekannten Erdölvorkommen ist Saudi-Arabien eines der wichtigsten Erdölexportländern der Welt.

Die Serie von Anschlägen hat erneut Spekulationen über die Stabilität des Landes geschürt und eine interne Reformdebatte über die Ursachen des Extremismus und der Gewalt ausgelöst. Westliche Kritik an Saudi-Arabien konzentriert sich hauptsächlich auf die autoritäre Regierungsform des Landes, das den Namen seiner Herrscherfamilie trägt, auf die als anachronistisch empfundenen Traditionen, das religiöse System, die Diskriminierung religiöser Minderheiten und der Frauen, sowie auf das archaische Rechtssystem.

Die saudische Herrscherfamilie ist jedoch auch heftiger interner Kritik ausgesetzt. Der Golfkrieg von 1990/91 diente als Katalysator für die Opposition, die jetzt offen die Korruption und Willkür des Regimes angriff und politische Reformen forderte. Der Konflikt und die Einladung westlicher Truppen zur Verteidigung des Landes führten auch zu einer Politisierung und Radikalisierung von Teilen der islamistischen Opposition.

Viele Kritiker begannen die religiöse Legitimität der Al-Saud-Familie und ihr enges Verhältnis zu den Vereinigten Staaten infrage zu stellen. Der Druck auf die Regierung wird durch wirtschaftliche Schwierigkeiten, die Bevölkerungsexplosion, hohe Arbeitslosigkeit und einen Wohlfahrtsstaat, der nicht mehr bezahlt werden kann, verstärkt.

Angesichts der enormen Probleme des Landes stellt sich die Frage, ob die Monarchie fähig ist und seine Herrscher bereit sind, die notwendigen Reformen einzuleiten, um den Herausforderungen gerecht zu werden und den Kampf gegen den Terror zu gewinnen. Dieses Buch gibt einen Überblick über den geschichtlichen, religiösen, sozialen und wirtschaftlichen Hintergrund der politischen Spannungen, des Reformdrucks und der Oppositionsgruppen. Es will auch einige weitverbreitete Klischees über den sagenhaften Reichtum des Königreichs und die oft einseitigen Schemata und die Berichterstattung über den Anti-Terrorkrieg korrigieren.

Wichtige Daten

Bevölkerung	22,5 Millionen (2003)
Bevölkerungswachstum	2,9 % (2003)
Landfläche	2,15 Millionen km^2
Durchschnittliche Lebenserwartung	73,1 Jahre (2002)
Bruttosozialprodukt	US-Dollar 186,8 Mil. (2002)
Pro Kopf	US-Dollar 8530 (2002)
Landeswährung	Riyal (SR) US-Dollar 1 = 3,745 SR

Quelle: Word Development Indicators Database, World Bank, August 2004, International Financial Statistics Yearbook, International Monetary Fund, 2003

ENTSTEHUNG DES STAATES UND KONSOLIDIERUNG DER MACHT

1932 wurde das Königreich Saudi-Arabien offiziell gegründet. Die heutigen politischen und religiösen Strukturen wurden jedoch stark von geographischen Faktoren und historischen Entwicklungen geprägt.

Bis zum 18. Jahrhundert spielte sich die Geschichte der Arabischen Halbinsel hauptsächlich in den Küstenregionen ab. Die Westküste am Roten Meer, das Hedschas, war wichtige Station auf antiken Handelsrouten, während Mekka und der schwarze Stein der Kaaba schon in vor-islamischer Zeit wichtige heidnische Pilgerzentren waren. Die Ostküste am Persischen Golf lag auf dem Handelsweg zwischen Mesopotamien und Indien.

Zentralarabien, das so genannte Nadschd, war bis auf einige verstreute beduinische Stämme und landwirtschaftliche Ansiedlungen größtenteils unbewohnt und von der Welt abgeschnitten. Die externen Einflüsse und relative Weltoffenheit der Ost- und Westküste sowie die enormen geographischen Unterschiede führten zu höchst differenzierten lokalen Traditionen und religiösen Ausprägungen. Trotz großer Anstrengung, eine nationale Einheit und Identität zu fördern, bestehen jene noch heute und entsprechen nicht dem sich oft als einheitlich darstellenden Bild Saudi-Arabiens.

Die offizielle saudische Geschichtsschreibung ignoriert bis heute sowohl die reichen Traditionen der schiitischen Bevölkerung und anderer religiöser Minderheiten als auch die lange Geschichte des Hedschas oder des an den Jemen angrenzenden Asir. Um eine einheitliche, saudisch geprägte nationale Identität zu schaffen, glorifizieren die Geschichtsbücher die Rolle des Staatsgründers, Abd al-Aziz Ibn al-Rahman al-Saud, genannt Ibn Saud.

Sie betonen seinen Erfolg, den verstreuten und zerstrittenen Stämmen den Weg zurück zum reinen Islam gezeigt zu haben, sie zu vereinigen und zu befrieden. Die blutigen Schlachten, Beutezüge und die Bekämpfung und Unterdrückung Andersgläubiger bleiben unerwähnt.

Wiege des Islam

Die Tatsache, dass das heutige Saudi-Arabien die zwei wichtigsten Heiligen Stätten des Islam, Mekka und Medina, beherbergt und als Wiege des Islam gilt, ist nach wie vor von großer politischer und religiöser Bedeutung. Die Rolle als Beschützer der Heiligen Stätten und die Schirmherrschaft über die jährliche Pilgerfahrt dient der Machtlegitimierung und als Prestigefaktor in der islamischen Welt.

Die jährliche Pilgerfahrt nach Mekka und Medina ist eine der fünf Glaubenssäulen des Islam; so sollte jeder Moslem mindestens einmal im Leben, falls es Finanzen und Gesundheit erlauben, die Pilgerfahrt unternehmen. Um seinen Führungsanspruch in der islamischen Welt zu stärken, nahm König Fahd 1986 den Titel »Hüter der Zwei Heiligen Stätten« an.

Der Prophet Mohammed wurde um das Jahr 570 in Mekka geboren. Im Alter von etwa 40 Jahren begann er, nach islamischer Auffassung, göttliche Offenbarungen zu empfangen, die später im Koran überliefert wurden. Anfänglich fand seine Lehre viele Gegner in seiner Heimatstadt, sodass er sich 622 zur Auswanderung nach Medina genötigt sah. Das Jahr seiner Auswanderung nach Medina gilt auch als Beginn der islamischen Zeitrechnung, der Saudi-Arabien bis heute folgt.

Von Medina aus baute er langsam seine Anhängerschaft und seinen Einflussbereich aus. Nach längeren Kämpfen zog er 630 in Mekka ein und leitete damit die Ausdehnung des islamischen Reiches ein. Zum Zeitpunkt seines Todes 632 dehnte sich der Einflussbereich des Islam über das Hedschas und den Rest der Arabischen Halbinsel, im folgenden Jahrhundert auch über den Nahen Osten und Nordafrika aus.

Während Mekka und Medina nach dem Tod Mohammeds ihre religiöse Bedeutung als Pilgerstätten beibehielten, verlagerte sich das politische Zentrum des Islam bald nach Damaskus, später nach Bagdad, Kairo und Istanbul. 961 kam Mekka unter die Herrschaft der Scherifenfamilie, die ihren Stammbaum auf den Propheten zurückführte. Im Jahre 1516 übernahmen die Osmanen die Kontrolle über das Hedschas, drangen aber nicht nach Zentralarabien vor, das von wenig wirtschaftlichem und politischem Interesse war. Sie gewährten der Scherifenfamilie, besonders außerhalb der urbanen Zentren, einen hohen Grad an Autonomie.

Das Bündnis zwischen der Al-Saud-Familie und Abd al-Wahhab

Während das Hedschas durch den Einfluss der Pilger aus aller Welt geprägt wurde, war der Rest der Arabischen Halbinsel von zerstreuten und sich häufig bekriegenden Beduinenstämmen beherrscht, die ihr Leben unter anderem durch Tributzahlungen der Oasenansiedlungen und Karawanen verdienten. Viele Stämme Zentralarabiens hielten nur oberflächlich am islamischen Glauben fest und blieben weiter ihren heidnischen Bräuchen treu.

Im frühen 18. Jahrhundert herrschte die Al-Saud-Familie über eine kleine Wüstenoase in Diraiyah, in der Nähe des heutigen Riad, im südlichen Nadschd. Im Jahre 1744 ging das damalige Familienoberhaupt der Al-Saud-Familie, Mohammed Ibn Saud (gestorben 1765), ein Bündnis mit dem Reformprediger Mohammed Ibn Abd al-Wahhab (ca. 1702–1792) ein, das bis heute den Grundstein des Königreichs bildet.

Abd al-Wahhab predigte eine strikte Version des Islam, die der konservativen hanbalitischen Rechtsschule des sunnitischen Islam folgt. Im Zentrum der Lehre steht ein strenger Monotheismus, der zur Rückkehr zum reinen Islam, wie er zur Zeit des Propheten praktiziert wurde, und zur strikten Einhaltung der Scharia aufruft. Die Scharia beinhaltet die Rechtsvorschriften des Korans, Traditionen (*hadith*) und Verhaltensweisen des Propheten und seiner Anhänger (*sunna*). Die Sunniten sind in vier Rechtsschulen (Hanefiten, Malikiten, Schafiiten und Hanbaliten) geteilt.

Abd al-Wahhab verurteilte die in der Arabischen Halbinsel weit verbreitete Anbetung von Naturobjekten als Polytheismus und Gotteslästerung sowie nach dem Tod Mohammeds eingeführte Neuerungen wie die Verehrung der Person Mohammeds, von Heiligen und Heiligengräbern. Anhänger der Lehren Abd al-Wahhabs werden heute oft als Wahhabiten bezeichnet. Diese Bezeichnung wurde jedoch anfänglich hauptsächlich von Gegnern der Reformbewegung oder vom Westen benutzt.

Abd al-Wahhabs Anhänger bezeichnen sich oft als Salafiten, ein Begriff, der auf die frommen Vorväter (*al-salaf al-salih*), zurückgeht, oder als *ahl al-tahwid*, eine Bezeichnung, die das Grundprinzip der Lehre, die strenge Einheit Gottes, unterstreicht. Die wahhabitische Weltsicht unterscheidet zwischen wahren Gläubigen und Ungläubigen, wobei nicht nur Anhänger anderer Religionen als ungläubig bezeichnet werden, sondern auch Anhänger anderer islamischer Rechtsschulen.

Eines der wahhabitischen Leitprinzipien ist die Verteidigung der wahren Lehre gegen fremde Ideen und äußere Einflüsse und die Verpflichtung, die Lehre, unter anderem durch Dschihad, unter den Ungläubigen zu verbreiten. Während Dschihad heute oft mit heiligem Krieg gleichgesetzt wird, kann der Begriff auch Einsatz und Anstrengung durch persönliche Frömmigkeit, Worte und Taten bedeuten. Einige militante Aktivisten versuchen auch, indem sie ihre Anschläge oder Selbstmordattentate als Dschihad bezeichnen, diese religiös zu rechtfertigen.

Während die wahhabitischen Religionsgelehrten politische Entscheidungen der Herrscherfamilie religiös legitimieren, garantiert diese die Einhaltung und Verbreitung der religiösen Prinzipien. Die Nachfahren von Abd al-Wahhab (die Al-Sheikh-Familie) sorgen dafür, dass dieses Legitimitationsprinzip bis heute erhalten bleibt. Wie später im Detail erläutert wird, haben seine Nachfahren und wahhabitische Gelehrte immer noch Schlüsselpositionen im Erziehungswesen, im Justizapparat und als Wächter der strengen Moralvorschriften inne.

Der religiöse Eifer der wahhabitischen Gelehrten, verbunden mit dem Aufruf zum Dschihad und dem militärischen Geschick der Truppen der Al-Saud-Familie, waren wichtige Erfolgsfaktoren für die Machtausdehnung des saudischen Reichs. Schwert und Wort zieren denn auch die Flagge des heutigen Saudi-Arabien. Neben der verheißenen Erlösung sorgte die reiche Beute der Eroberungszüge für zusätzliche Motivation unter den Kämpfern.

Bald nach der Bildung des Bündnisses unterwarfen sie die Stämme des Nadschd und bekehrten sie zu der wahhabitischen Version des Islam. 1801 zerstörten sie die im heutigen Irak gelegene heilige Schiitenstadt Karbala. Wenig später eroberten sie Mekka und Medina, die unter osmanischer Herrschaft standen, zerstörten Gräber islamischer Heiliger, bezeichneten die Pilger als Götzenanbeter und stoppten zwischenzeitlich den Pilgerstrom.

Im Jahre 1806 dehnte sich ihr Einflussbereich fast über die ganze Arabische Halbinsel aus. 1811 sandte der osmanische Sultan ägyptische Streitkräfte, um den Expansionsfeldzug der Saudis einzudämmen und die osmanische Souveränität über die Heiligen Stätten wiederherzustellen. Die saudischen Truppen kapitulierten 1818. Überlebende der Al-Saud-Familie wurden nach Kairo gebracht, Abdullah (regierte 1814–1818), das Oberhaupt der Familie, wurde später in Istanbul hingerichtet.

Der zweite Versuch der Al-Saud zwischen 1824 und 1891, die Arabische Halbinsel zu beherrschen, scheiterte unter anderem an Familienfehden, wiederholtem Eingreifen der Osmanen sowie dem Erstarken der Al-Rashid-Familie, den alten Rivalen der Al-Saud-Familie in Nadschd.

Gründung des Staates

Die Rückeroberung von Riad 1902 unter der Führung von Ibn Saud und der Sieg über die Al-Rashid-Familie 1906 kennzeichneten den Aufstieg des dritten saudischen Reiches. Nachdem das Rashidische Herrschaftsgebiet besetzt und al-Hasa, die Ostprovinz, erobert war, konzentrierte sich Ibn Saud darauf, seine Herrschaft über das Hedschas auszudehnen.

Während der erste und zweite Versuch der Al-Saud-Familie, ihre Macht zu konsolidieren, zum Teil an der unsicheren Loyalität der einzelnen Stämme gescheitert war, gelang es Ibn Saud, die Stammesangehörigen auf seine Person festzulegen und langsam eine übergeordnete, von der wahhabitischen Lehre gestützte Loyalität zu etablieren. Als Mittel zur Kontrolle und zur Durchsetzung einer einheitlichen Identität unterstützte er die Einrichtung religiöser Institutionen, schränkte aber gleichzeitig deren politischen Einfluss und ihre Unabhängigkeit ein.

Die aus Stammesverbänden zusammengesetzten Streitkräfte, die so genannten Ikhwan (Bruderschaft), dienten als wichtiges Instrument der Machtexpansion. Die Ikhwan gaben ihren nomadischen Lebensstil auf und ließen sich in von der Al-Saud-Familie und den Religionsgelehrten kontrollierten Ansiedlungen nieder.

Die Brutalität der Ikhwantruppen gegenüber Angehörigen anderer islamischer Rechtsschulen, besonders den Schiiten und Bewohnern des Hedschas, führte zu Ressentiments unter der Bevölkerung der neueroberten Gebiete. Ihr Expansionsdrang und missionarischer Eifer alarmierten gleichzeitig die beiden Kolonialmächte in der Region, Großbritannien und das osmanische Reich, was der Konsolidierung des saudischen Einflussbereiches im Wege zu stehen begann.

Im Dezember 1915 schloss Ibn Saud ein Abkommen mit den Briten, das seinen Machtanspruch über Nadschd, al-Hasa, Qatif und Jubayl bestätigte und ihm eine monatliche finanzielle Unterstützung garantierte. Im Gegenzug erkannte Ibn Saud den Einflussbereich der Briten über Kuwait, Katar, Maskat und Bahrain an. Nach dem Zusammenbruch des osmanischen Reiches geriet die Arabische Halbinsel immer stärker in die Interessensphäre Großbritanniens, dessen Unterstützung auch ein entscheidender Faktor für Ibn Sauds Eroberung des Hedschas war.

1924 wurde Taif unter Kontrolle gebracht, gefolgt von Mekka, Medina und 1925 schließlich Dschidda und wenig später Asir. 1924 wurde Scherif Hussein, Herrscher des Hedschas, gezwungen abzudanken, was das Ende der haschemitischen Herrschaft über das Hedschas markierte. Als Gegenleistung für die Hilfe der Scherifenfamilie im Kampf gegen die Osmanen während des Ersten Weltkriegs setzten die Briten seine Söhne als Könige Transjordaniens und des Irak ein.

Mit Ausnahme der von den Briten kontrollierten Gebiete am Persischen Golf und Jemen stand die Arabische Halbinsel unter der Herrschaft von Ibn Saud, der sich 1926 zum König von Hedschas und Sultan von Nadschd erklärte und sechs Jahre später offiziell das Königreich Saudi-Arabien proklamierte.

Ibn Sauds Annäherung an die »ungläubigen« Briten führte zu heftiger Kritik der Ikhwan. Es kam zu ersten Spannungen, die schließlich in gewalttätigen Auseinandersetzungen und der endgültigen Niederlage der Ikhwanstreitkräfte 1929/30 gipfelten. Der Konflikt zwischen Ibn Saud und den Ikhwan spiegelt auch das bis heute angespannte Verhältnis zwischen der puritanischen, expansionsorientierten wahhabitischen Lehre und dem Pragmatismus der Staatsraison sowie der Notwendigkeit internationaler Annerkennung wider. Diese Spannungen prägen auch immer wieder die Geschichte des Landes, und die Anliegen der Ikhwan finden sich häufig in den Forderungen der islamistischen Opposition wieder.

Der 1932 neu gegründete Staat war mit vielen Herausforderungen konfrontiert: die Opposition gegenüber den neuen Herrschern weit verbreitet, die Bevölkerung zerstreut und in verschiedene politische, religiöse und Stammeszugehörigkeiten geteilt. Zusätzlich fand sich Saudi-Arabien von einigen feindlichen Regimen bedroht, wie zum Beispiel den Haschemiten in Transjordanien, den früheren Herrschern des Hedschas, oder dem Imam Yahya von Jemen.

Ibn Saud annektierte das Asir 1930, erlaubte aber der dort herrschenden Idrisi-Familie nominelle Kontrolle über die Provinz. Dies brachte ihn in Konflikt mit den territorialen Ambitionen von Imam Yahya und führte schließlich zum Krieg mit Jemen. Der Krieg endete 1934 im Vertrag von Taif; Asir und Najran wurden dem Königreich einverleibt.

Armut war weit verbreitet, und mangels Infrastruktur blieben große Teile des Landes unzugänglich. Die Haupteinnahmequellen des Staates beschränkten sich auf die Pilgerfahrten, die jedoch während der Weltwirtschaftskrise stark zurückgingen. Die finanzielle und militärische Unterstützung der Briten, später der Vereinigten Staaten, sowie die Öleinnahmen wurden für die Konsolidierung der Macht entscheidend.

Große regionale Unterschiede prägten das junge Königreich. Das Hedschas hatte eine lange Tradition von kulturellem Austausch mit der islamischen Welt, galt als Bildungszentrum und beherbergte viele verschiedene islamische Rechtsschulen sowie einige christliche und jüdische Ansiedlungen.

Es besaß einen Konsultativrat, eine Verfassung, einen Staatshaushalt sowie eine reguläre Armee und

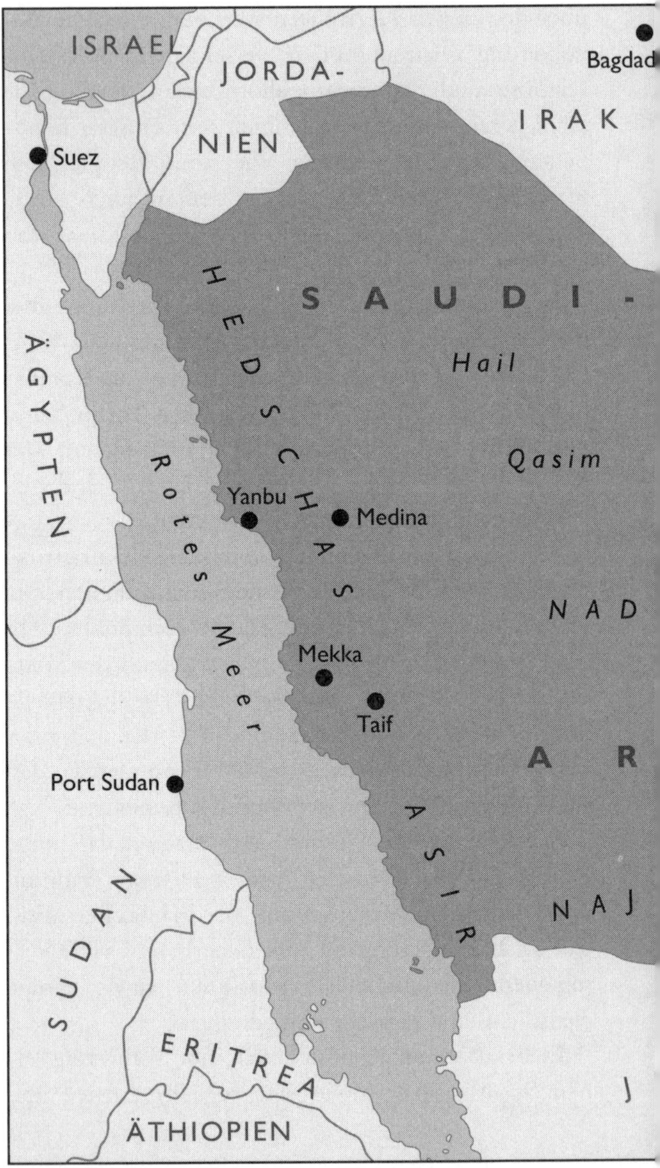
ISRAEL
JORDA-
NIEN
Bagdad
IRAK
Suez
SAUDI-
HEDSCHAS
Hail
ÄGYPTEN
Qasim
Rotes Meer
Yanbu
Medina
NAD
Mekka
Taif
A R
Port Sudan
ASIR
SUDAN
NAJ
ERITREA
ÄTHIOPIEN
J

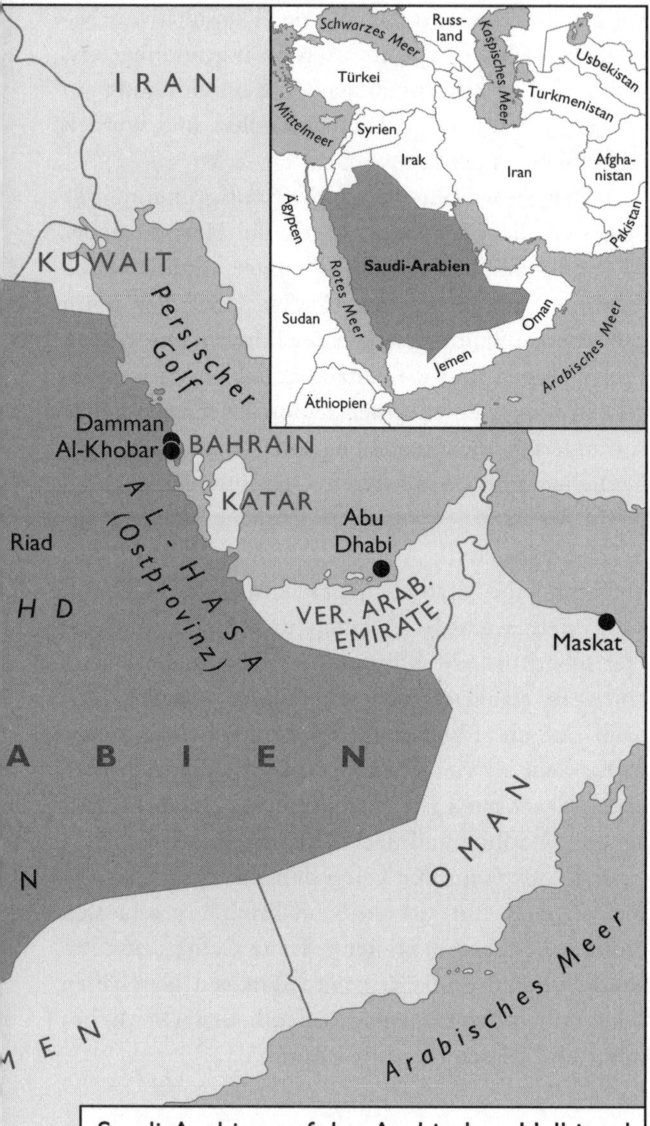

Saudi-Arabien auf der Arabischen Halbinsel

Polizei. Der Sonderstatus und der Konsultativrat bestanden noch einige Jahre nach Staatsgründung fort, verloren aber mit zunehmender Zentralisierung im neuen Machtzentrum Riad an Einfluss und wurden schließlich aufgelöst.

In den ersten Jahren nach der Staatsgründung bildete sich die Opposition gegen die Herrschaft der Al-Saud-Familie hauptsächlich unter rivalisierenden Stämmen und Familienverbänden sowie aus übrig gebliebenen Splittergruppen der Ikhwan. Die großen Entfernungen und die Unzugänglichkeit vieler Regionen sowie die enormen regionalen Unterschiede verhinderten die Entstehung einer nationalen, einheitlichen und organisierten Oppositionsbewegung, die in der Lage gewesen wäre, genügend Gefolgsleute zu mobilisieren.

Durch eine strategische Heiratspolitik band Ibn Saud viele wichtige Familien und Stämme an das Herrscherhaus, ein effizientes Mittel, soziale Hierarchien zu etablieren oder zu festigen. Obwohl Ibn Saud auf die Einhaltung des islamischen Gebotes, nicht mehr als vier Ehefrauen gleichzeitig zu haben, bedacht war, ehelichte er insgesamt über 100 Frauen, zeugte 43 Söhne und über 50 Töchter.

Viele der familiären Verbindungen, die in der Eroberungszeit mit der Al-Saud-Familie geschlossen wurden, bestehen noch heute. Treue Gefolgsleute Ibn Sauds wurden großzügig mit lukrativen Geschäften oder hohen Positionen im öffentlichen Dienst belohnt und kamen so zu Reichtum.

DIE ENTDECKUNG DES SCHWARZEN GOLDES

Nach größeren Ölfunden im benachbarten Bahrain zeigten sich westliche Firmen auch an Saudi-Arabiens Vorkommen interessiert. Ibn Saud, durch den Feldzug gegen die Ikhwan und Ausgaben für den königlichen Hof verschuldet, akzeptierte den Vorschlag amerikanischer Firmen, in Saudi-Arabien nach Öl zu suchen. 1933 bekam Standard Oil aus Kalifornien (SOCAL) die erste Ölkonzession. Die Bohrungen begannen 1935, größere Vorkommen wurden jedoch erst 1938 entdeckt.

SOCAL verkaufte später seine Konzessionen an den Vorläufer der Arabian American Oil Company (ARAMCO), die 1944 entstand. Die Vergabe der Ölkonzessionen an amerikanische Firmen bedeutete gleichzeitig eine Verlagerung des Interessenschwerpunkts von Großbritannien zu den Vereinigten Staaten. 1943 erhielt Saudi-Arabien die so genannte »Lend-Lease«-Unterstützung von den Vereinigten Staaten, die zunehmend die strategische Bedeutung des Landes erkannten. Die ersten Konzessionszahlungen flossen direkt in die Taschen der Königsfamilie und wurden größtenteils für Verteidigungsausgaben und den königlichen Haushalt verwendet. Erste Investitionen in Infrastruktur, Schulen und Krankenhäuser erfolgten meist mit Unterstützung der amerikanischen Ölfirmen.

Mit zunehmendem Ölreichtum, der dem Staat eine Politik der Neutralisierung und Integration von politischen Gegnern ermöglichte, verlor die Opposition rivalisierender Stämme und Familien gegen die Al-Saud-Familie an Bedeutung. Dies bedeutet jedoch nicht, dass Stammes- oder regionale Zugehörigkeitsgefühle und Ressentiments gegen die politische Zentralisierung und religiöse und kulturelle Vereinheitlichung bedeutungslos wurden.

Unter den Stämmen herrscht nach wie vor eine informelle Hierarchie mit Stämmen aus dem Nadschd, insbesondere der Al-Saud-Familie nahe stehenden, an der Spitze. Heiraten zwischen Angehörigen dieser Stämme und Stämmen anderer Regionen sind trotz sozialer Mobilität bis heute die Ausnahme. Separatistische Bewegungen, besonders im Hedschas oder in Asir, richten sich weiter gegen die Herrschaft der Al-Saud-Familie, wenn sie auch keine große Gefolgschaft besitzen oder organisierte Struktur vorweisen. Einige Beobachter haben auch auf die überproportionale Beteiligung von Asiris an den Attentaten des 11. September und unter den Gefangenen in Guantanamo hingewiesen. Asir, an Jemen angrenzend, ist eine bis heute wirtschaftlich und politisch benachteiligte Region.

Unter der Herrschaft Ibn Sauds festigte sich die Macht in wenigen Händen. Die Gründung des Außen- und Finanzministeriums 1932, des Verteidigungsministeriums 1944 und des Ministerrates kurz vor seinem Tod waren die einzigen bedeutenden Innovationen. Nach dem Tod Ibn Sauds 1953 wurden weitere Ministerien gegründet und der Regierungsapparat erweitert. Der Aufbau eines modernen bürokratischen Systems ermöglichte gleichzeitig die Integration sozialer Gruppen, was einen wichtigen Stabilitätsfaktor darstellte.

Um die Nachfolge Ibn Sauds kam es zu heftigen Machtkämpfen zwischen seinen ältesten Söhnen Saud (1902–1969) und Faisal (1904–1975) sowie einigen jüngeren reformorientierten Söhnen um Prinz Talal (geb. 1931). Saud übernahm vorerst den Thron, jedoch war seine Herrschaft von wirtschaftlichen Schwierigkeiten gekennzeichnet. Berüchtigt waren bald auch seine verschwenderischen Ausgaben für den königlichen Hof.

Die Spannungen zwischen Saud und Faisal führten schließlich zur Abdankung Sauds im Jahre 1964. Die internen Machtkämpfe spielten sich vor dem Hintergrund wichtiger außenpolitischer Ereignisse ab: der Suezkrise von 1956, der immer populärer werdenden panarabischen Bewegung unter Führung des ägyptischen Staatspräsidenten Gamal Abd al-Nasser (1918–1970) und revolutionären Umstürzen in benachbarten Ländern. Nasser unterstützte die Bewegung auf der Arabischen Halbinsel mit Waffen, Geldmitteln und Propaganda.

Rapide wechselnde Lebensbedingungen und wachsende Einkommensunterschiede lösten Spannungen und mehrere Streikwellen aus. Während sich die ersten Streiks 1953 auf in der Ölindustrie beschäftigte Arbeiter beschränkten, die eine Erhöhung der Löhne und Verbesserung der Arbeitsbedingungen forderten, hatte die zweite Welle von 1956 eine unmissverständliche politische Dimension. Arabische Arbeitnehmer aus Palästina, Ägypten und Syrien brachten ihre saudischen Kollegen mit dem sozialistisch inspirierten Gedankengut des Panarabismus in Kontakt.

Der Panarabismus inspirierte auch Mitglieder der königlichen Familie. Prinz Talal und einige seiner Brüder, die so genannten Freien Prinzen, forderten eine konstitutionelle Monarchie und mehr politische Freiheiten, was jedoch auf heftigen Widerstand stieß. Talal sah sich schließlich gezwungen, ins Exil nach Kairo und Beirut zu gehen, wo er mit Hilfe Nassers eine Oppositionsgruppe gründete und das saudische Regime zu Reformen aufforderte.

Um den Spannungen entgegenzuwirken, versprach Faisal ein Zehn-Punkte-Reformprogramm mit einem Grundgesetz, dem Verbot der Sklaverei sowie der Einrichtung eines Konsultativrates. Sobald sich jedoch die Lage entspannte, wurden die Versprechungen wieder vergessen. Die Sklaverei wurde 1962 offiziell verboten.

In den 50er- und 60er-Jahren erschütterten vereinzelte Bombenattentate das Land. Umsturzversuche und Mordpläne gegen den König, zum Teil mit Beteiligung der Armee, wurden aufgedeckt. Die Regierung reagierte mit drakonischen Maßnahmen; Hunderte mutmaßliche Beteiligte wurden verhaftet und viele von ihnen hingerichtet. Um zukünftigen Unruheherden im Militär entgegenzuwirken, baute Saudi-Arabien zwei parallele Armeen auf, eine reguläre sowie die hauptsächlich für interne Sicherheit zuständige Nationalgarde.

Die Nationalgarde setzt sich größtenteils aus Mitgliedern der Beduinenstämme zusammen und hat somit eine wichtige integrative Funktion. Kommandopositionen wurden mit Familienmitgliedern besetzt und Armee-Einheiten außerhalb der städtischen Zentren stationiert. Trotz extrem hoher Verteidigungsausgaben ist das saudische Heer relativ klein und größtenteils von amerikanischer Unterstützung und Trainingspersonal abhängig.

Der Einfluss der panarabischen Bewegung verebbte mit dem Prestigeverlust Nassers durch die Niederlage gegen Israel im Sechstagekrieg von 1967. Unter König Faisal begann das Königreich eine selbstbewusstere Rolle in der arabischen und islamischen Welt zu übernehmen, die im Ölembargo gegen den Westen 1973 ihren Höhepunkt fand.

Die säkulare panarabische Bewegung wurde langsam durch eine, von Faisal geleitete und finanzierte, panislamische Bewegung abgelöst. Linksnationale und säkular orientierte Gruppierungen, die in den 60er- und 70er-Jahren die größte Gefahr für das Al-Saud-Regime dargestellt hatten, verloren mit der allgemeinen Islamisierung und Unterdrückung säkularer Kräfte an Bedeutung. Bis heute dominieren islamische und islamistische Interessengruppen die Opposition.

Die Islamisierung wurde durch den Einfluss der Moslemischen Bruderschaft vorangetrieben. Faisal gewährte den in Ägypten und Syrien verfolgten Anhängern der Bruderschaft Asyl und überließ ihnen wichtige Funktionen im Bildungsapparat und anderen einflussreichen Institutionen. Ihr Einfluss führte zu einer stärkeren Politisierung der größtenteils staatsfreundlichen wahhabitischen Lehre. Deren Interpreten hatten sich bis dahin eher auf die strenge Einhaltung der Moralvorschriften konzentriert und politische und strategische Entscheidungen größtenteils der Al-Saud-Familie überlassen.

Um die Politisierung hervorzuheben, wird in diesem Buch zwischen islamisch (bezogen auf die persönliche religiöse Haltung) und islamistisch (politisch motiviert) unterschieden.

Modernisierung und Aufbau des Staates

1973 entschloss sich die saudische Regierung zusammen mit anderen ölexportierenden Ländern zu einem mehrmonatigen Ölembargo gegen den Westen, um Ägypten im Krieg gegen Israel zu unterstützen. Gleichzeitig verhalf diese Geste Saudi-Arabien, seinen Führungsanspruch in der islamischen Welt anzumelden. Nach der Ölkrise 1973 vervielfachte sich der Weltmarktpreis. Ölexporteinnahmen stiegen von 2,43 Milliarden US-Dollar 1970 auf 35,62 Milliarden US-Dollar 1974. Der enorme Reichtum ermöglichte es König Faisal, die Modernisierung des Landes voranzutreiben und Finanzreserven anzulegen. Innerhalb kurzer Zeit entstanden eine moderne Infrastruktur, Bildungseinrichtungen, Krankenhäuser und ein Wohlfahrtsstaat.

Obwohl ein großer Teil der Öleinnahmen in den Taschen der königlichen Familie hängenblieb und für gigantische Prestigeprojekte verschwendet wurde, verteilte sich der neue Wohlstand auch auf den Großteil der Bevölkerung. Durch großzügige staatliche Zuwendungen, subventionierte Kredite, Landverteilung, Zuschüsse für Hausbau sowie für Strom und Wasser und freie Bildung verbesserten sich die Lebensbedingungen der Bevölkerung innerhalb kürzester Zeit. Außerdem fanden viele Saudis eine Arbeitsstelle im prestigeträchtigen öffentlichen Dienst.

Der Aufbau der Ölindustrie führte zu tiefgreifenden Veränderungen der wirtschaftlichen und sozialen Strukturen des Landes. Der Anteil der Stadtbevölkerung stieg rapide an, und traditionelle Wirtschaftsformen wurden langsam von einem von der Ölindustrie abhängigen Subventions- und Verteilungssystem verdrängt. Mit zunehmender Bedeutung der Ölindustrie gewann auch der Staat in der Wirtschaft an Einfluss.

Diese dominante Rolle des Staates als Arbeitsgeber, mangelnde wirtschaftliche Differenzierung und billige ausländische Arbeitskräfte verhinderten die Entstehung einer einheimischen Arbeiterklasse. In den 80er-Jahren wurde der Anteil von Ausländern auf etwa 60 bis 70 Prozent der Arbeitnehmer geschätzt; er ist seither nur geringfügig zurückgegangen.

Die ausländischen Arbeitnehmer sind vor allem im Privatsektor, im Baugewerbe, in der Industrie und im Service beschäftigt und übernehmen den Großteil der manuellen Tätigkeiten. Das Fehlen einer einheimischen Arbeiterklasse und von Gewerkschaften hat auch politische Auswirkungen. Eine vom Staat abhängige Bevölkerung stärkt dessen Kontrollmechanismen und erschwert die Entstehung von wirtschaftlichen Interessen- und Oppositionsgruppen.

Während der Ausbau der Infrastruktur vorerst Priorität hatte, bemühte sich die Regierung nun zunehmend, die Wirtschaftsbasis zu verbreitern und den Privatsektor zu fördern. In den 80er-Jahren investierte sie großzügig in die Landwirtschaft, verteilte Land und Subventionen und verbrauchte kostbares Wasser, um die »Wüste zu begrünen«.

Saudi-Arabien wurde kurzfristig zum sechstgrößten Weizenexporteur, ein kostspieliges Experiment, das auch viele Prinzen bereicherte. Weil Mitglieder der königlichen Familie an den lukrativen Geschäften beteiligt sind, können die Subventionen nur schwer zurückgedreht werden. Trotz Anreizen für den Privatsektor bleibt die Abhängigkeit vom Staat und den Öleinnahmen auch heute größtenteils bestehen.

König Faisal versuchte, die Modernisierung des Landes, die Einführung technologischer Innovationen und den Zustrom ausländischer Experten mit der Beibehaltung des konservativen Islam zu vereinbaren. Dies verlief jedoch nicht ohne Spannungen und Zwischenfälle. Die Einführung von Papiergeld, die Gründung von Fernsehstationen und Mädchenschulen und der Zustrom »ungläubiger« Arbeiter stießen auf den Widerstand der konservativen *ulama*.

Mitte der 60er-Jahre eskalierten die Spannungen auch zwischen Mitgliedern der Al-Saud-Familie, die das Modernisierungsprogramm Faisals unterstützten, und den Gegnern einer Öffnung des Landes. Gewaltsame Zusammenstöße gipfelten schließlich im Tod von Prinz Khalid bin Musaids. 1975 nahm Prinz Khalids Bruder Rache und erschoss König Faisal.

DAS POLITISCHE SYSTEM

Der Ölreichtum half dem Regime, trotz steigender sozialer Mobilität der Bevölkerung und tiefgreifender wirtschaftlicher Veränderungen an ihrem autoritären Regierungsstil festzuhalten und politische Reformen aufzuschieben. Neben dem Bündnis mit den wahhabitischen Gelehrten stützt sich die Macht der Al-Saud-Familie auf das Öl, den von ihnen geschaffenen Wohlfahrtsstaat und die Beschaffung von Arbeitsplätzen.

Familienpolitik – Die Macht der Al-Sauds

Seit Gründung des Staates sind Staats- und Familieninteressen sowie Staats- und Privateinnahmen eng verwoben. Erdöleinkünfte fließen direkt in die Staatskasse, sie werden also von der Herrscherfamilie kontrolliert. Dies verleiht der Regierung einen großen Machtspielraum; politischer Widerstand konnte »gekauft« und integriert werden. Von den Steuerabgaben der Bürger unabhängig, ist die Verteilung des Ölreichtums eine der Hauptaufgaben der Regierung. Forderungen nach politischem Mitspracherecht und Transparenz sind deshalb weniger stark ausgeprägt, jedoch nur solange der Staat seiner Verteilerrolle gerecht wird.

Die Macht in Saudi-Arabien konzentriert sich auf wenige Hände. Der König ist Vorsitzender des Ministerrats und kontrolliert die Legislative und Exekutive. Minister sind ihm direkt verantwortlich. Er ist zugleich Oberhaupt der Al-Saud-Familie, Oberster Kommandant der Streitkräfte und Oberster Richter.

Zusammen mit dem Kronprinzen bilden die so genannten »Sudeiri Sieben«, Söhne von Ibn Saud und Hassa al-Sudeiri, den innersten Machtzirkel: Fahd (geb. 1921) als König, Prinz Salman (geb. 1936) als Gouverneur von Riad, Prinz Sultan (geb. 1924) als Verteidigungsminister und Prinz Naif (geb. 1933) als Innenminister. Andere Familienmitglieder, besonders die Söhne und Enkel des Staatsgründers Ibn Saud, besetzen wichtige Positionen im Regierungsapparat. Die genaue Anzahl der Mitglieder der Königsfamilie ist unbekannt, jedoch schätzt man, dass es zwischen 2000 und 5000 Prinzen gibt.

Das Königshaus beruft sich in seinem Machtanspruch auf die Prinzipien des Konsensus und der Konsultation (*shura*). Es versucht somit verschiedene Bevölkerungsgruppen, religiöse Institutionen, das Militär, wichtige Stammesführer und die wachsende Mittelklasse einzubinden. Institutionen wie die so genannte *majlis* (Rat/Ratssitzung) dienen zur Schlichtung von Konflikten, als Forum zur Loyalitätsbekundung und Machtrepräsentation sowie zur Pflege persönlicher Kontakte mit den Regierenden.

Je komplexer die Gesellschaftsstrukturen werden und je mehr die Verantwortung des Staates wächst, desto deutlicher hat dieses Prinzip, von einigen Beobachtern als eine Art von Wüstendemokratie bezeichnet, jedoch an Effektivität und Bürgernähe verloren. Konsensus und Konsultation bleiben auf eine Minderheit der Bevölkerung beschränkt und sind weit von einem politischen Mitspracherecht entfernt.

Das System führt häufig auch zu einem Aufschub bürokratischer Entscheidungen und bietet Gelegenheit zu Amtsmissbrauch und Korruption. Tausende von Prinzen oder weit entfernten Verwandten nutzen dies auch, um ihre persönlichen Interessen durchzusetzen und lukrative Staatsaufträge und Kommissionszahlungen zu erhalten.

Die Präsenz mehrerer tausend Prinzen in Schlüsselpositionen des Verwaltungsapparats und des Militärs verstärkt die Macht und den patriarchalischen Charakter der herrschenden Familie und erschwert gleichzeitig Umsturzversuche. Die Größe der Familie kann jedoch auch zum Problem werden. Rivalitäten innerhalb der Al-Saud-Familie, wie zum Beispiel der Konflikt zwischen Saud und Faisal, Prinz Talals Opposition oder die Ermordung König Faisals durch einen Verwandten haben zu mehreren Staatskrisen geführt.

Seit Prinz Talals offener Herausforderung werden Konflikte nicht mehr in der Öffentlichkeit ausgetragen. Jedoch lassen die wenigen verlässlichen Informationen viele Beobachter über tiefgreifende Spannungen zwischen Familienmitgliedern spekulieren. Während die Herrscherfamilie in viele Fraktionen geteilt bleibt, scheint jedoch die Tradition des Konsensus und die Einsicht, dass Einigkeit angesichts der vielen Herausforderungen die einzige Überlebenschance ist, zu dominieren.

Religiöse Legitimierung – Die Rolle der wahhabitischen Gelehrten

Die 1744 gegründete Allianz zwischen der Al-Saud-Familie und den Nachfolgern Abd al-Wahhabs bleibt eine der wichtigsten Säulen des Regimes. Die Funktion und Position der Religionsgelehrten (arabisch *ulama*) haben sich jedoch seit damals entscheidend geändert. Während die Zustimmung der *ulama* in strategischen Entscheidungen weiterhin ein wichtiges Machtinstrument ist, bleiben politisch wichtige Ministerämter und Entscheidungen Mitgliedern der Al-Saud-Familie vorbehalten.

Als Gegenleistung für die Legitimierung umstrittener Entscheidungen erhielten die *ulama* einen großen Einfluss im Erziehungswesen, die Kontrolle des Justizapparates sowie die Überwachung der strengen Moralvorschriften durch die Religionspolizei, auch als »Komitee zur Förderung der Tugend und Verhütung des Lasters« bekannt. Sie besitzen das staatlich sanktionierte Monopol für die Interpretation der Scharia und bestimmen den Inhalt des religiösen Lehrplans.

Die Evolution und Expansion des Bildungssystems, Zielscheibe heftiger Kritik nach dem 11. September, ist von dem Bestreben, die wahhabitischen Grundmauern des Regimes beizubehalten und die religiöse Legitimierung zu stärken, geprägt. Der Lehrplan ist stark von religiösen Fächern beherrscht: In der Grundschule sind ihnen etwa 30 Prozent der Wochenstunden gewidmet, in höheren Schulen und

Universitäten variiert der Anteil je nach Ausrichtung, bleibt aber zentral besonders in den zahlreichen religiösen Universitäten.

Die *ulama* bestimmen durch ihre Rechtsgutachten (arabisch *fatwa*) den Rahmen für soziales und religiöses Leben. Ihre Fatwas reichen von Fragen familiären Zusammenlebens, dem Verbot von Geschenken zum Valentins- oder Muttertag über die Ächtung von Mobiltelefonen mit Kameras bis zu Verhaltensregeln für den Umgang mit Nicht-Moslems.

Der Rat der Hochrangigen Gelehrten ist die höchste religiöse Institution des Landes. An dessen Spitze steht der Großmufti, oft ein Nachfahre von Abd al-Wahhab. Als vom König ernannte Staatsangestellte haben die meisten der *ulama* ihre Unabhängigkeit eingebüßt.

Die finanzielle Abhängigkeit und Bürokratisierung der religiösen Institutionen haben besonders in jüngster Zeit, wie später im Detail erklärt wird, zur Distanzierung einiger Gelehrter geführt. Als Instrument der Regierung angesehen, sind die regierungstreuen *ulama* in den Mittelpunkt der Kritik der islamistischen Opposition geraten, was zu einem Verlust ihres Ansehens geführt hat und ihre Legitimierungsfunktion schwächt.

Die enge Identifikation von Staat und Religion ermöglicht es Regimekritikern, die strengen islamischen Moralvorstellungen als Maßstab zur Beurteilung des Verhaltens des Königshauses zu benutzen. Die Verbindung zwischen den wahhabitischen Gelehrten und der Regierung schränkt dadurch stark den Handlungsspielraum für soziale und wirtschaftliche Reformen ein.

Konfrontiert mit der Kritik der Islamisten, die die religiöse Legitimität der königlichen Familie in Frage stellen, ist das Herrscherhaus oft gezwungen, noch strenger, islamischer zu wirken als seine Gegenspieler. Besonders in politisch heiklen Zeiten können die Religionsgelehrten deshalb ihren Einfluss stärken. Dies zeigte sich, wie später beschrieben, besonders in der Krise von 1979 und nach dem Golfkrieg von 1990/91.

DAS REGIME UNTER DRUCK

Die heutigen Probleme des Landes, die heftige Kritik der Islamisten an der Al-Saud-Familie, geht auf eine Reihe von innen- und außenpolitischen Ereignissen sowie wirtschaftlichen Entwicklungen zurück, die die beiden Grundpfeiler des Regimes langsam ins Wanken bringen. Die niedrigen Ölpreise seit Mitte der 80er- und in den 90er-Jahren, die hohen Verteidigungsausgaben und die Folgekosten des Golfkrieges von 1990/91, verbunden mit einem extrem hohen Bevölkerungszuwachs, setzen den Staat als Verteiler unter großen Druck. Gleichzeitig wird die Säule der Monarchie, das Bündnis mit den Religionsgelehrten und ihre islamische Legitimität, immer mehr in Frage gestellt.

1979 – Ein Wendepunkt

Die Reaktion der saudischen Regierung auf die Ereignisse des Jahres 1979 markiert einen Wendepunkt in der Geschichte des Landes, dessen Tragweite erst nach dem 11. September vollständig bewusst wurde. Ein saudischer Beobachter bemerkte, dass von 1979 an die Islamisten den Ton angaben und dass dies »eine Generation von wütenden, verwirrten jungen Leuten hervorbrachte, viele von ihnen wurden zu Fanatikern, eingeschlossen die 15 Saudis unter den 19 mutmaßlichen Attentätern des 11. September und die saudischen Häftlinge in Guantanamo«.[1]

Am 20. November 1979 stürmte Juhayman al-Otaibi mit seinen Gefolgsleuten die Große Moschee in Mekka und erklärte: »Die königliche Familie ist korrupt. Sie betet Geld an und gibt es für Paläste statt für Moscheen aus. Diejenigen, die akzeptieren, was sie sagt, macht sie reich, die anderen verfolgt sie und foltert sie sogar.«[2] Der Aufstand, die erste offene und gewalttätige Konfrontation der islamistischen Opposition mit dem Königshaus seit der Staatsgründung, lenkte die Aufmerksamkeit auf die unsichere islamische Legitimität der Al-Saud-Familie und der staatstreuen *ulama*, die Juhayman der Kollaboration mit dem korrupten Regime bezichtigte.

Gekleidet wie die Ikhwan in den 20er-Jahren, kritisierten Juhayman und seine Gefolgsleute die Zusammenarbeit des Herrscherhauses mit den Ungläubigen und setzten sich dafür ein, den Einfluss der religiösen Gelehrten zu stärken. Nach zwei Wochen stürmte die Nationalgarde mit Hilfe französischer Spezialeinheiten, abgesegnet durch eine Fatwa, die Moschee. Nach schweren Verlusten gaben die Belagerten auf; 63 der 170 Überlebenden wurden später öffentlich hingerichtet.

1979 war auch das Jahr der Islamischen Revolution im Iran. In der hauptsächlich von Schiiten bewohnten Ostprovinz Saudi-Arabiens kam es zu Unruhen und Demonstrationen, deren Ursachen später noch ausführlicher behandelt werden. Die Kritik der Demonstranten richtete sich gegen die Diskriminierung der Schiiten, sie griffen aber auch die monarchische und absolutistische Regierungsform an. Die Reaktion der Regierung, die brutale Niederschlagung der Unruhen, provozierte weitere Demonstrationen und gewaltsame Auseinandersetzungen mit den Sicherheitskräften.

Die saudische Regierung antwortete auf die Ereignisse von 1979 mit verstärkter islamischer Rhetorik und Islamisierung sowie großzügiger Unterstützung für den Bau von Moscheen, religiösen Schulen und Universitäten. Frauenrechte wurden eingeschränkt und die Kompetenzen des Komitees zur Förderung der Tugend und der Verhütung des Lasters erweitert. Der Rückgriff auf religiöse Traditionen ist häufig selektiv, politisch motiviert und dient zur Behauptung des Machtanspruches und der Legitimation.

Die Generation vor den Ereignissen von 1979 und der verstärkten Islamisierung des Lehrplans und des sozialen und kulturellen Lebens wuchs in einer vergleichsweise liberalen Atmosphäre auf. Viele nahmen großzügige Stipendien für das Studium in den Vereinigten Staaten oder in Europa in Anspruch und besetzten wichtige Positionen bei ihrer Rückkehr nach Saudi-Arabien. In den ersten Jahrzehnten nach der Staatsgründung kamen Lehrkräfte oft aus liberaleren arabischen Staaten und wurden erst später, wie oben erwähnt, durch asylsuchende Mitglieder der Moslemischen Bruderschaft und saudische Lehrkräfte abgelöst.

Dies führte zu einem interessanten Paradox: einer jüngeren Generation, die konservativer, religiöser und nach innen gerichtet ist. Dieser Trend wird auch durch die zunehmende Saudisierung der Lehrkräfte und den Rückgang der Anzahl saudischer Studenten an westlichen Hochschulen verstärkt.

Die Ereignisse von 1979 hatten auch Auswirkungen auf die Außenpolitik des Landes: Für den Kampf der Glaubensbrüder in Afghanistan wurde Geld gesammelt, Saudis zum Dschihad gegen die sowjetischen Besatzer ermutigt und Moscheen und Schulen zur Verbreitung der wahhabitischen Lehre finanziert. Der »Export« potenzieller Regimekritiker und die verstärkte islamische Rhetorik trugen dazu bei, dass die interne Kritik der Islamisten, bis auf vereinzelte Stimmen, vorerst begrenzt blieb.

Die Auswirkungen des Golfkriegs von 1990/91

Der Einmarsch irakischer Truppen in Kuwait am 2. August 1990 verschärfte den Druck auf die Königsfamilie, vertiefte die wirtschaftlichen, religiösen und politischen Spannungen und die Legitimationskrise der Al-Saud-Familie. Der Konflikt diente als Katalysator für die Opposition, die erstmals offen ihren Unmut über die Politik der Regierung äußerte. In den ersten Tagen nach der Invasion wurden saudische Medien instruiert, die Invasion nicht zu erwähnen, eine Entscheidung, die zu einem weiteren Glaubwürdigkeitsverlust der Regierung führte.

Die Kritik konzentrierte sich vor allem auf die Einladung westlicher, nicht-moslemischer Truppen zur Verteidigung des Landes, die viele als eine Entweihung der Heiligen Stätten ansahen. Der Krieg demonstrierte die Abhängigkeit von den Vereinigten Staaten trotz der Milliarden an Rüstungsimporten. Die Präsenz der Amerikaner im Lande, bisher wenig auffallend, war mit der Stationierung Tausender Soldaten und Soldatinnen allgegenwärtig. Die Zustimmung durch eine Fatwa, die die Einladung ausländischer Truppen zur Verteidigung des Landes legitimierte, brachte auch die regierungstreuen *ulama* in die Kritik.

Der Einfluss ausländischer Truppen und Medien bewirkte vorübergehend ein offeneres Klima in der Region. In den meisten Golfstaaten sahen sich die Herrscher mit Petitionen konfrontiert, die eine rechtsstaatliche Regierungsform, Beteiligung an politischen Entscheidungen sowie mehr Transparenz forderten. Die Reform-Initiativen in einigen benachbarten Ländern verstärkten den Druck auf die saudische Regierung.

Ende 1990 übergaben liberale, reformorientierte Bürger eine erste Petition an den König, der eine weitere im Mai 1991 folgte. Beide Petitionen unterstrichen die Loyalität zur königlichen Familie, forderten jedoch mehr politische Beteiligung, Transparenz der Staatsfinanzen und ein Ende der Verschwendung der Ressourcen des Landes, der Willkür und Korruption.

Die erste Petition wurde von 43 prominenten Persönlichkeiten, Geschäftsleuten, Journalisten und Universitätsprofessoren unterschrieben und wird häufig als die Petition der liberalen Kräfte bezeichnet. Eine klare Differenzierung zwischen liberaler und islamistischer Opposition im saudischen Kontext ist nicht möglich. Viele der politischen Forderungen der liberalen Kräfte stimmen mit denen der Islamisten überein, jedoch unterscheiden sich ihre Vorstellungen erheblich, was die Rolle der Gelehrten in der Politik und soziale und religiöse Freiheiten, insbesondere die Rolle der Frauen, anbelangt.

Die »liberale« Petition forderte die Einrichtung eines Konsultativrates, ein Grundgesetz, das die Gleichberechtigung aller Bürger garantiert, die Unabhängigkeit der Justiz, mehr Frauenrechte sowie eine Einschränkung der Macht der Religionsgelehrten und des Komitees für die Förderung der Tugend und Verhütung des Lasters.

Im Mai 1991 folgte die zweite Petition von über 400 Unterzeichnern, unter anderem 52 prominenten Gelehrten und Islamisten. Sie forderten die Einrichtung eines Konsultativrates, Ende des Missbrauchs von Staatseinnahmen und eine größere Rolle der Religionsgelehrten in allen staatlichen Angelegenheiten sowie eine Rücknahme der Restriktionen für islamische Gelehrte und Prediger.

Der Golfkrieg von 1990/91 führte zu einer verstärkten Politisierung und Radikalisierung von Teilen der islamistischen Opposition, wie später noch genauer erläutert wird. Offene Kritik an der Politik der königlichen Familie war ursprünglich auf einige Gelehrte beschränkt. Sie bekam aber mit den oben erwähnten Petitionen eine organisierte Form und führte schließlich zur Gründung einiger islamistischer Oppositionsgruppen. Besonders nachdenklich musste die Al-Saud-Familie stimmen, dass viele *ulama* mit der Kritik an der Regierung übereinstimmten und sich die Opposition in der Region (Nadschd) manifestierte, die bisher traditionell die Regierung unterstützte.

Frauenrechte – Opfer der Politik

Am 6. November 1990, während der Kuwaitkrise, demonstrierten zum ersten Mal in der Geschichte des Landes etwa 50 Frauen offen gegen die ihnen auferlegten Restriktionen. In einer Autodemonstration in den Straßen Riads protestierten sie gegen das inoffizielle, jedoch strikt befolgte Fahrverbot für Frauen. Die Demonstration wurde bald von den Mitgliedern des Komitees zur Förderung der Tugend und Verhütung des Lasters beendet.

Die Frauen wurden kurzfristig festgenommen und einige vom Staatsdienst suspendiert. Ihre Ehemänner mussten sich schriftlich verpflichten, dass ihre Frauen nicht wieder versuchen würden, Auto zu fahren. Das bisher inoffizielle Verbot wurde durch eine Fatwa des Rates der Hochrangigen Gelehrten offiziell bestätigt.

Die Reaktionen auf die Frauendemonstration und die Diskussionen über die Rolle der Frau spiegeln die Spannungen zwischen Modernisierung, dem Einfluss der Globalisierung und dem Festhalten an religiösen und kulturellen Traditionen wider. Besonders in Krisenzeiten, wenn die Glaubwürdigkeit und die islamische Legitimität der Al-Saud-Familie herausgefordert sind, dient die strenge Geschlechtertrennung und die

Unsichtbarkeit der Frauen in der Öffentlichkeit als ein äußerliches Zeichen für die Frömmigkeit der Monarchie. Die Beibehaltung der Diskriminierung dient der Regierung oft als Symbol für ihren Anspruch, der wahre Hüter des islamischen Glaubens zu sein.[3]

Während liberale Saudis mehr Einfluss der Frauen im öffentlichen Leben fordern, bekämpfen besonders wahhabitische Gelehrte diese Bestrebungen. Im Januar 2004 beispielsweise erklärte der Großmufti: »Das Zusammentreffen zwischen Männern und Frauen ist absolut durch die Scharia verboten und strengstens zu bestrafen. Es ist [...] die Ursache alles Bösen und aller Katastrophen.«[4]

Viele Einschränkungen, wie das Fahrverbot, die völlige Geschlechtertrennung in der Öffentlichkeit sowie der Gesichtsschleier, beruhen auf den kulturellen Stammestraditionen Zentralarabiens und der wahhabitischen Auslegung und sind anderen islamischen Rechtsschulen fremd. Einige Frauen benutzen deshalb islamische Argumente in ihrem Kampf für mehr Rechte und betonen, dass zur Zeit des Propheten Frauen eine wichtige Rolle spielten, auf Kamelen ritten und der Prophet die Stellung der Frau in der Gesellschaft wesentlich verbesserte.

Trotz der Restriktionen repräsentieren Frauen heute mehr als die Hälfte der Universitätsabsolventen. Während jedoch andernorts ein höherer Bildungsgrad unter Frauen gewöhnlich zu mehr Rechten im öffentlichen Leben und Beteiligung im Arbeitsalltag führt, sind in Saudi-Arabien nur unge-

Die *ulama* und die Bildung der Frauen

Der Einfluss der *ulama* wird besonders im Bereich der Frauenbildung deutlich. Die Einführung von Mädchenschulen in den 60er-Jahren führte zu heftigem Widerstand, besonders unter einigen wahhabitischen Gelehrten des traditionell konservativen Nadschd. Um die *ulama* zu beruhigen, stellte König Faisal die Ausbildung der Frauen unter deren Aufsicht. Während das Bildungsministerium für die Ausbildung der Jungen zuständig war, kümmerte sich die von den *ulama* kontrollierte Allgemeine Direktion für Mädchenerziehung um die Ausbildung und die Lehrpläne für die Mädchen.

Bis heute ist das Erziehungswesen vollständig nach Geschlechtern getrennt; Lehrpläne für Jungen und Mädchen sind unterschiedlich und spiegeln deren für sie vorgesehene gesellschaftliche Rolle wider. Die meisten Universitäten haben Frauenfakultäten, jedoch sind bestimmte Fächer und Berufskategorien ihren männlichen Kollegen vorbehalten. Kontakte zwischen Studentinnen und männlichen Professoren finden nur per Mikrophon und Lautsprecher statt. Selbst die Einführung von Sportunterricht für Mädchen ist umstritten.

Die Mädchenerziehung blieb unter der Kontrolle der *ulama* bis zur Brandkatastrophe in einer Schule im März 2002, dem mindestens 15 Mädchen zum Opfer fielen. Laut Berichten der saudischen Presse verhinderten Mitglieder des Komitees zur Förderung der Tugend und Verhütung des Lasters Rettungsversuche, weil die Mädchen nicht die obligatorische *abaya* (schwarzer Umhang und Schal) trugen. Es wäre deshalb »sündig gewesen, sich ihnen zu nähern«. [5]

Heftige Debatten und ungewöhnlich scharfe Kritik an der Rolle der religiösen Polizei folgten. Der Innenminister, Prinz Naif, leugnete jegliche Verantwortung der Komiteemitglieder. Die offizielle Untersuchung des Unglücks ergab, dass die Erziehungsbehörden Sicherheitsvorkehrungen unterlassen hatten. Der Direktor der Allgemeinen Direktion für Mädchenerziehung wurde entlassen, die Mädchenbildung dem Erziehungsministerium zugeordnet. Diese Entscheidung hat zu heftiger Kritik unter den islamistischen Kritikern des Regimes und einigen regimetreuen *ulama* geführt.

fähr sechs Prozent der Arbeitsplätze von Frauen besetzt. Der allgemeine Wohlstand durch das Öl erlaubte dem Land, ausländisches Hilfspersonal zu importieren und die Hälfte der Bevölkerung vom Arbeitsmarkt mehr oder weniger auszugrenzen.

Von Berufen ausgeschlossen, die ein direktes Zusammentreffen mit männlichen Kollegen oder Kunden erforderlich machen, arbeiten Frauen hauptsächlich im Erziehungs- und Gesundheitswesen und im Dienstleistungssektor; viele haben auch eigene Geschäfte eröffnet. Seit 1980 gibt es Banken exklusiv für weibliche Kunden, damit diese die Möglichkeit haben, ihre eigenen finanziellen Angelegenheiten abzuwickeln. Viele saudische Frauen verfügen über ein beträchtliches Vermögen. Ungefähr 70 000 Geschäftsfrauen haben Handelslizenzen erhalten und besitzen mehr als 15 000 Firmen, was 43 Prozent der gesamten registrierten Unternehmen des Landes entspricht.[6]

Die Verschlechterung der Wirtschaftslage mag allmählich die Haltung gegenüber Frauen im Arbeitsleben ändern und neue Möglichkeiten eröffnen. Die strenge Geschlechtertrennung erweist sich als wirtschaftlich kostspielig. In immer mehr Familien sind Frauen gezwungen zu arbeiten, um den Lebensstandard aufrechtzuerhalten. Der Mangel an öffentlichen Transportmitteln für Frauen bleibt ein wichtiger Hinderungsfaktor, eine Arbeit anzunehmen. Die strenge Geschlechtertrennung erfordert die Anstellung von Chauffeuren, was sich jedoch nur reichere Schichten der Gesellschaft leisten können.

Die Regierung will den Frauenanteil vergrößern und die steigende Anzahl hochqualifizierter Universitätsabsolventinnen in den Arbeitsmarkt integrieren. In den vergangenen Jahren wurden einige Restriktionen aufgehoben, so erhielten Frauen 2001 zum ersten Mal Ausweispapiere, sie können den Sitzungen des Konsultativrates beiwohnen, und Diskussionen über die Rolle der Frau sind Thema heftiger Debatten.

Frauenrechte bleiben ein heikles Thema. Im Kampf gegen den Terror ist das Regime auf die Unterstützung der *ulama* angewiesen, die immer wieder vor einer Liberalisierung der wahhabitischen Verhaltensnormen warnen und vor der Gefahr für die Gesellschaft, falls die Geschlechtertrennung gelockert werden würde.

Zögernde Reformen

Mit den Forderungen nach mehr Mitspracherechten und offener Kritik der Opposition konfrontiert, kündigte König Fahd im März 1992 die Gründung eines Konsultativrates (*majlis al-shura*), ein so genanntes Grundgesetz und Regelungen zur Provinzverwaltung an. Die Regierung unterstrich jedoch, dass es sich dabei nicht um eine Verfassung des Staates handle, weil diesen Rang nur die Scharia einnehmen könne.

Das Grundgesetz setzt die Monarchie als Grundsystem der Herrschaft fest (Art. 5), bestätigt und institutionalisiert die Dominanz der königlichen Familie. Laut Artikel 6 ist jeder Untertan zu Loyalität und Gehorsam verpflichtet. Das Grundgesetz legt auch die Unabhängigkeit der Justiz fest (Art. 46), Richter werden jedoch durch königliches Dekret ernannt (Art. 52). Menschenrechte werden im Rahmen der Scharia garantiert (Art. 26).

Artikel 68 setzt die Einrichtung des Konsultativrates fest, der sich 1993 zum ersten Mal konstituierte. Mitglieder, ursprünglich 60, 1997 auf 90, dann auf 120 Vertreter erweitert, werden vom König ernannt und repräsentieren ein weites Spektrum der saudischen Bevölkerung. Die meisten Ratsmitglieder haben Universitätsabschlüsse, oft von westlichen Universitäten, sind einflussreiche Vertreter der Wirtschaft, religiöser Institutionen oder des öffentlichen Dienstes. Der Rat hat sogar einige schiitische Mitglieder, und unter den 1997 ernannten Mitgliedern befinden sich einige frühere Regimekritiker.

Obwohl der Ratsvorsitzende ein religiöser Gelehrter ist, sind Mitglieder der *ulama* unterrepräsentiert. Während die Königsfamilie die Vorschläge des Konsultativrates häufig berücksichtigt, entbehrte der Rat ursprünglich legislativer Kompetenz. Seit November 2003 ist es Ratsmitgliedern jedoch erlaubt, Gesetzesvorschläge zu machen.

Die Regelungen für die Provinzverwaltungen legen die Aufgaben der Gouverneure und die Bildung von regionalen Konsultativräten fest, die ähnliche Kompetenzen besitzen wie der nationale Konsultativrat. Die Provinzgouverneure, meistens Mitglieder der königlichen Familie, haben Ministerrang, werden direkt vom König ernannt und sind dem Innenminister, Prinz Naif, verantwortlich.

ARMUT IN SAUDI-ARABIEN?

Ende November 2002 zeigten die Titelseiten saudischer Tageszeitungen Kronprinz Abdullah bei einem Besuch in einem Armenviertel Riads. Abdullah hört einem alten Mann zu, der ihm von seinen Problemen erzählt, die er mit Zehntausenden Saudis in bitterer Armut teilt. Saudische Medien bringen immer häufiger Berichte über bisherige Tabuthemen wie Armut, Bettler, Arbeitslosigkeit, Drogen- und Alkoholabhängigkeit. Wirtschaftliche Schwierigkeiten, die die Regierungszeit König Fahds (seit 1982) begleiteten, verbunden mit demographischen Entwicklungen und dem Einfluss der Globalisierung, stellen den Staat vor eine der größten Herausforderungen.

Fallende Ölpreise und Rezession

Die enormen Schwankungen des Ölpreises haben einen großen Einfluss auf die saudische Wirtschaft und den Staatshaushalt. Einnahmen aus dem Ölhandel machen etwa 90 Prozent der Exporterlöse des Landes aus. Nach 1981 mit Rekordeinnahmen von über 110,5 Milliarden US-Dollar begannen die Ölpreise und damit die Exporteinnahmen zu fallen und erreichten 1986 ein Tief von 17,9 Milliarden US-Dollar, was zu einer Serie von Haushaltsdefiziten und einer Finanzkrise führte.

Das Pro-Kopf-Einkommen fiel in der gleichen Zeit von 15 660 US-Dollar auf 5420 US-Dollar und erholte sich nur geringfügig gegen Anfang der 90er-Jahre.[7] Die Finanzkrise wurde noch durch die hohen Verteidigungsausgaben verstärkt. Sie machen oft ein Drittel des gesamten Staatshaushalts aus und erreichen in manchen Jahren sogar die Höhe der gesamten Einnahmen aus dem Ölexport. Hinzu kommen die Folgekosten des Golfkrieges von 1990/91.

Die Ausgaben für die Modernisierung der Armee zwischen Mitte der 80er- und 90er-Jahre werden auf etwa 290 Milliarden US-Dollar geschätzt, inklusive 71 Milliarden US-Dollar für Waffenkäufe,[8] bei denen häufig hohe Kommissionszahlungen für Mitglieder der Al-Saud-Familie herausspringen.

Die Regierung finanzierte die Haushaltsdefizite zuerst durch den Abbau der enormen Devisenreserven, dann durch Staatsanleihen auf dem heimischen Markt und die Einstellung von großen Bauvorhaben und Prestigeprojekten. Sie war damit vorerst in der Lage, die Auswirkungen der Rezession auf die Bevölkerung teilweise abzufedern.

Allerdings hatte der Abbau der Reserven zur Folge, dass die Regierung ihren Handlungsspielraum für spätere Ölschocks eingrenzte. Vor einer Reduzierung der staatlichen Ausgaben und Subventionen sowie dem Abspecken des Wohlfahrtsstaats schreckte die Regierung aus Furcht vor innenpolitischen Konsequenzen zurück. Deshalb betonte sie immer wieder, dass es zu keinen tief greifenden Einschnitten kommen würde.

Seit der Gründung des Staates ist die Wirtschaftspolitik mehr auf die Bewahrung sozialer Harmonie und die Legitimation des Herrscherhauses als auf ökonomische Effizienz oder wirtschaftliche Entwicklung ausgerichtet. Zwar ging man damit Konflikten aus dem Weg, doch wuchs dadurch die Erwartungshaltung der Bevölkerung gegenüber dem Staat.

Diese Erwartungshaltung untergräbt die Fähigkeit der Regierung, strukturelle Reformen durchzuführen, um mit den wirtschaftlichen Herausforderungen fertig zu werden, die die Globalisierung und das Bevölkerungswachstum stellen. Der Vorschlag, eine Einkommenssteuer für ausländische Arbeitskräfte einzuführen, musste 1988 wegen Protesten aus der Privatwirtschaft, besonders seitens der gut organisierten Handelskammern, zurückgezogen werden. Die ersten ernsthaften Versuche, die Staatseinnahmen aufzubessern, kamen 1995 mit der Erhöhung von Telefon-, Strom- und Wassergebühren und Benzinpreisen.

Oft werden die finanziellen Probleme des Landes durch vorübergehend hohe Ölpreise kompensiert, die den Staatshaushalt kurzfristig entlasten. Das dient jedoch als willkommener Vorwand, notwendige Wirtschaftsreformen aufzuschieben. 1998 fielen die Ölpreise auf ein weiteres Tief, und das Haushaltsdefizit und die Staatsschulden erreichten Rekordhöhen. Zum ersten Mal warnte mit Kronprinz Abdullah ein hochrangiges Mitglied der Königsfamilie, dass die Zeiten des Überflusses vorbei seien und dass sich die Bevölkerung an einen anderen, nicht vom Staat abhängigen Lebensstil gewöhnen müsse.

Demographische Zeitbombe

Mit einer der weltweit höchsten Wachstumsraten von durchschnittlich 3 Prozent stieg die Bevölkerung Saudi-Arabiens seit 1970 von etwa 6 Millionen auf etwa 23,5 Millionen Einwohner, einschließlich der etwa 6 bis 8 Millionen Ausländer. Fast die Hälfte der Bevölkerung ist jünger als 15 Jahre.

Die Dominanz der Ölindustrie und die mangelnde Diversifizierung der saudischen Wirtschaft prägen die Arbeitsmarktstruktur. Die Anzahl der in der Ölindustrie beschäftigten Saudis ist niedrig; selbst in anderen Industriezweigen, insbesondere in der Privatwirtschaft und bei körperlichen Arbeiten, dominieren Ausländer.

Bis Ende der 80er-Jahre fanden die meisten Schul- und Universitätsabgänger, oft unabhängig von ihren Qualifikationen und Fähigkeiten, noch eine Stelle im ständig wachsenden öffentlichen Sektor. Die Ausweitung des Bildungssystems und die Garantie eines gut bezahlten Arbeitsplatzes nach Ausbildungsabschluss waren ein wichtiger Stabilitätsfaktor in den 70er- und 80er-Jahren.

Momentan wird nur für etwa ein Viertel der Schulabgänger ein Arbeitsplatz geschaffen. Zum ersten Mal in der Geschichte sind junge Hochschulabsolventen mit der Arbeitslosigkeit konfrontiert. Besonders ehemalige Studenten der zahlreichen religiösen Hochschulen oder jene mit geistes- oder religionswissenschaftlichen Abschlüssen haben oft große Schwierigkeiten, sich den heutigen wirtschaftlichen Gegebenheiten anzupassen.

Die Jugend, geprägt vom saudischen Erziehungswesen mit seiner starken Betonung des Religionsunterrichts und des Auswendiglernens, ist den komplexen Anforderungen des Arbeitsmarktes meist nicht gewachsen. Zwischen 1995 und 1999 hatten nur 10 000 der insgesamt über 120 000 Hochschulabgänger einen technischen Abschluss. Sie repräsentierten nur zwei Prozent der gesamten ins Berufsleben eintretenden Saudis.[9] Auch ist die Zahl der Schüler, die vorzeitig die Schule und die Universität verlassen, relativ hoch.

Die Regierung ist sich bewusst, dass sie das Bildungswesen reformieren muss, um den demographischen Herausforderungen gerecht zu werden. Die Reform der Lehrpläne und qualitative Verbesserungen sowie die Einführung von technischen Ausbildungsprogrammen sind ihre Prioritäten, erste Schritte wurden bereits unternommen. Weitaus schwieriger wird es sein, durch radikale Wirtschaftsreformen und Anreize für den Privatsektor genügend Arbeitsplätze zu schaffen.

Um für ausländische Investoren attraktiver zu werden, sind Verbesserungen der rechtlichen Rahmenbedingungen und mehr Transparenz der Staatsfinanzen nötig. Die Intention Saudi-Arabiens, der Welthandelsorganisation beizutreten, hat zu ersten Reformen und dem Abbau von Subventionen geführt. Wirtschaftliche Reformen und die Einschränkung der staatlichen Vorherrschaft bedeuten jedoch auch einen Verlust an politischen Kontrollmöglichkeiten und somit einen Machtverlust für die königliche Familie.

Ein Abbau des Anteils ausländischer Arbeitskräfte zugunsten von Einheimischen zählt zu den Prioritäten der Regierung. Um diese so genannte Saudisierung voranzutreiben, wurden strengere Grenzkontrollen eingeführt, illegale Einwanderer ausgewiesen, Gebühren für Visa und Arbeitsgenehmigungen erhöht und einige Berufe für ausländische Arbeitnehmer gesperrt.

In vielen Berufszweigen ist jedoch eine vollständige Saudisierung schwierig, da einheimische Arbeitnehmer in der Regel teurer und oft auch schlechter ausgebildet sind. Immerhin beginnt diese Politik langsam Früchte zu tragen, weil immer mehr Saudis dazu bereit sind, auch die Tätigkeiten der billigen ausländischen Arbeitskräfte zu übernehmen.

Die Anwesenheit ausländischer, besonders nichtmoslemischer Arbeitnehmer ist politisch umstritten. Sie erregt oft den Widerstand der wahhabitischen Religionsgelehrten und wird von der islamistischen Opposition scharf kritisiert. Der ehemalige Großmufti Ibn Baz etwa erklärte: »Es ist weder gestattet, einen nicht moslemischen Bediensteten, Mann oder Frau, noch einen nicht moslemischen Chauffeur oder nicht moslemischen Arbeiter auf der Arabischen Halbinsel einzustellen, denn der Prophet, Friede sei mit ihm, befahl die Entfernung aller Juden und Christen von der Arabischen Halbinsel und befahl, dass niemand außer Moslems dort verbleiben dürfe. [Die Anwesenheit von Ungläubigen] stellt eine Gefahr für die Moslems, ihren Glauben, Moral und Erziehung ihrer Kinder dar.«[10]

Um Konflikte mit der einheimischen Bevölkerung zu vermeiden und Ausländern einen ihnen angemesseneren Lebensstil zu ermöglichen, leben besonders westliche Arbeitnehmer in abgeschotteten Wohnvierteln. Es ist nicht auszuschließen, dass die steigende Jugendarbeitslosigkeit, geschürt durch jahrelange Indoktrination mit fremdenfeindlichen Ideen, zu Ressentiments gegenüber Ausländern führen wird.

Armut, wie sie in benachbarten Staaten ohne Erdöl vorherrscht, kennen die Saudis noch nicht. Finanzielle Probleme häufen sich, doch werden sie auch durch das enge Familiennetz gelindert. Ob und wie arm sich der Einzelne fühlt, hängt davon ab, wieviel Hilfe er vom Staat erwartet und ob der Staat diese am Lebensstandard der älteren Generation gemessene Erwartung erfüllt. Gelingt ihm das nicht, könnten verstärkt soziale Spannungen auftreten.

Die politischen und sozialen Auswirkungen der Armut sind mit den immer deutlicher werdenden Einkommensunterschieden und der politischen Ausgrenzung verbunden. Je besser ausgebildet und je beweglicher die von der Armut Betroffenen sind, desto eher erkennen sie Unterschiede und Ungerechtigkeit. Besonders Saudis ohne politische Beziehungen sind von Not und Arbeitslosigkeit betroffen. Der Unmut verstärkt sich angesichts des extravaganten Lebensstils und der Verschwendungssucht vieler Mitglieder der Al-Saud-Familie.

Nach inoffiziellen Schätzungen verschlingt der Luxus des königlichen Hofes und der von ihm abhängigen Klientel bis zu einem Viertel der Einnahmen durch den Ölverkauf. Einige Oppositionsgruppen behaupten sogar, dass bis zu 40 Prozent durch direkte Zuwendungen, lukrative Staatsaufträge sowie fürstliche Entlohnungen für Vermittlerdienste in den Taschen der königlichen Familie landen. Eine der Hauptforderungen der Opposition ist deshalb mehr Transparenz der Staatsfinanzen.

Der verbesserte Zugriff zu den ausländischen Medien durch Satellitenfernsehen und Internet gefährdet das Informationsmonopol der Regierung. Das Internet ermöglicht es der Opposition, Predigten und Fatwas gegen das Al-Saud-Regime zu verbreiten und mit anderen islamistischen Gruppierungen außerhalb des Königreichs zu kommunizieren. Die Konflikte im Irak und in Afghanistan sowie die palästinensische Intifadah sind häufig Gegenstand heftiger politischer Internetdebatten.

In der saudischen Presse bleibt Kritik an der königlichen Familie weiterhin tabu, wenn es auch in jüngster Zeit zu einer Lockerung der Zensur kam. Die Saudis verfügen zudem über großen Einfluss auf die arabischen Medien, weil wichtige arabische Zeitungen wie *al-Sharq al-Awsat* oder *al-Hayat* und Fernsehstationen im Besitz der Königsfamilie oder treuer Verbündeter sind. Kritische Berichte sind deshalb eine Seltenheit.

Laut einer Umfrage verbringen saudische Kinder durchschnittlich 3,1 Stunden während der Woche und 4,9 Stunden am Wochenende vor dem Fernseher. Als besonders beliebt gilt der Disney Channel.[11] Kinder sind somit zwei konträren Welten ausgesetzt:

der Schulerziehung mit ihrer strengen Betonung moralischer Werte und wahhabitisch geprägten Traditionen und der Fernsehrealität Hollywoods. Einige Beobachter haben diese Kluft als soziale und kulturelle Schizophrenie bezeichnet.

Viele Saudis beklagen sich über die lähmende Langeweile, da es kaum Möglichkeiten zur Freizeitgestaltung gibt: weder Kinos noch Theater oder öffentliche Konzerte. Geschäfte sind verpflichtet, während der fünf täglichen Gebetszeiten zu schließen, und Restaurants sind streng nach Geschlechtern getrennt. Frauen ist der Aufenthalt nur in der Familiensektion erlaubt.

Berichte über Drogen- und Alkoholmissbrauch, obwohl nach wahhabitischem Verhaltenskodex streng verboten, sowie über einen Anstieg der Kriminalität finden sich fast täglich in den saudischen Medien. Eine Umfrage unter 2000 Schülern und Studenten im Alter von 13 bis 25 Jahren zeigte, dass 65 Prozent der Jungen und 72 Prozent der Mädchen Symptome von Depressionen aufwiesen, 7 Prozent der Mädchen gaben zu, einen Selbstmordversuch unternommen zu haben, doppelt so viele wie die Jungen, der Drogen- und Alkoholkonsum lag bei beiden um die 5 Prozent.[12]

ZWISCHEN REFORM UND REBELLION

Die Regierung reagierte auf den politischen Druck einerseits durch Unterdrückung und Verfolgung Oppositioneller, andererseits durch die Einführung zögerlicher Reformen, die jedoch, wie bereits erwähnt, nichts am Machtmonopol der Al-Saud-Familie änderten. Bis zu den Bombenanschlägen Mitte der 90er-Jahre und seit den Attentaten im Mai 2003 schien diese Taktik relativ erfolgreich. Die Anschläge zeigten jedoch, dass einige Oppositionsgruppen gewillt sind, ihre Ziele mit Gewalt zu verfolgen. Politische, soziale und wirtschaftliche Reformen erweisen sich als schwieriger Balanceakt zwischen liberalen, islamistischen und militanten Kräften einerseits sowie den verschiedenen Fraktionen der königlichen Familie andererseits.

Politischer Aktivismus im Kontext

Politischer Aktivismus in Saudi-Arabien muss vor dem Hintergrund der Menschenrechtssituation, insbesondere der starken Einschränkung der Versammlungs- und Meinungsfreiheit, verstanden werden. Von elementarer Bedeutung sind auch regionale Besonderheiten, die oft die Ideologie der jeweiligen Oppositionsbewegung beeinflussen.

Die Strafen für politische Gegner bewegen sich zwischen »freiwilligem« Exil, Hausarrest, langen Gefängnisstrafen und der Todesstrafe für diejenigen, die einen Umsturzversuch wagten. Vor der Entlassung aus der Haft müssen politische oder religiöse Aktivisten oft schriftlich bestätigen, zukünftig Kritik zu unterlassen. Häufig wird auch Druck auf Familienangehörige ausgeübt, um Gegner zur Umkehr zu bewegen. Regimekritiker werden oft als eine Gefahr für den Islam und die Einheit des Staates bezeichnet und ihre Legitimität durch Fatwas der staatstreuen *ulama* in Frage gestellt.

Saudi-Arabien steht schon lange im Zentrum der Kritik internationaler Menschenrechtsorganisationen. Doch die Vorfälle, die zu dieser Kritik führten, wurden vom Westen lange Zeit aus ölpolitischen Gründen, soweit er vom arabischen Öl profitierte, heruntergespielt. Erst seit dem 11. September schenken westliche Regierungen den Menschenrechtsverletzungen, besonders der Diskriminierung religiöser Minderheiten, vermehrt Aufmerksamkeit.

In Saudi-Arabien gibt es keine legalen Foren, Parteien oder Gewerkschaften, in denen politische Meinungen frei ausgetauscht werden können. Oft sind Moscheen oder religiöse Universitäten und Institutionen die einzigen Orte, an denen Diskussionen, wenn auch in zunehmend eingeschränktem Umfang, stattfinden können.

Durch die Einschränkung friedlicher Meinungsäußerung, die Unterdrückung liberaler und säkularer Tendenzen sowie die Förderung der wahhabitischen Lehre hat die Regierung indirekt den Boden für islamistische Oppositionsgruppen bereitet. Besonders lautstarke Kritiker wurden ins Exil oder in den Untergrund gezwungen.

Die Rolle der schiitischen Minderheit

Seit Beginn des saudischen Reiches ist die schiitische Minderheit dort religiöser und politischer Diskriminierung sowie wirtschaftlicher Benachteiligung ausgesetzt. Während sich die Lebensbedingungen der meisten Saudis durch die Öleinnahmen verbesserten, profitierten die Schiiten wenig von dem Ölboom. Bis heute bleiben sie von einflussreichen Ämtern im öffentlichen Dienst und in der Armee ausgeschlossen.

Dies schürte ihre Opposition gegenüber dem Regime umso mehr, als sie von benachbarten Ländern wie dem Iran unterstützt wurden. Das zeigte sich besonders nach der Iranischen Revolution im Jahre 1979. Riad fürchtete, dass die Schiiten, als fünfte Kolonne des Iran, der Islamischen Revolution den Weg bereiten würden. Das Verhältnis der saudischen Schiiten zum Herrscherhaus hängt deshalb stark von den Beziehungen zwischen Riad und Teheran ab.

Die Mehrheit der schiitischen Bevölkerung Saudi-Arabiens lebt in der Ostprovinz, einige verstreute Gemeinden bestehen auch im südwestlichen Najran und in Medina. Es gibt keine zuverlässigen Angaben über die Anzahl von Schiiten, Schätzungen schwanken zwischen fünf und zehn Prozent der Gesamtbevölkerung. Die ölreiche Ostprovinz ist strategisch und wirtschaftlich eine der wichtigsten Regionen des Landes und grenzt an den mehrheitlich schiitischen Irak und Bahrain.

Die Haltung gegenüber den Schiiten spiegelt die wahhabitische Ideologie wider. Viele religiöse Praktiken der Schiiten werden als Innovationen abgewertet und Schiiten als Götzenanbeter oder Polytheisten bezeichnet, gegen die der Dschihad geführt werden soll. Hochrangige, vom Staat bezahlte Religionsgelehrte rechtfertigen die Diskriminierung der Schiiten durch Fatwas.

1990 etwa erklärte ein Mitglied des Hohen Rates der Gelehrten, dass die Schiiten wegen ihrer Verehrung Alis als Polytheisten anzusehen seien und dass dies die schlimmste Form der Gotteslästerung sei, gleichbedeutend mit dem Abfall vom islamischen Glauben, für die sie den Tod verdienten.[13]

Schiitische Bücher sind im Land verboten und Genehmigungen, neue Moscheen bauen zu dürfen, werden selten erteilt. Diese Einschränkungen gelten auch für andere religiöse Minderheiten. So ist das Tragen christlicher Symbole streng verboten, einige philippinische Hausangestellte wurden dafür mit Gefängnis bestraft.

Der Erfolg der Iranischen Revolution bedeutete einen Wendepunkt für die saudischen Schiiten. Selbstbewusster geworden und entschlossener, das Regime herauszufordern, wandelte sich ihre latente Feindschaft in offenen Protest gegen die Diskriminierung. Ihre Kritik richtete sich aber auch gegen die Monarchie und ihre Verbindungen zu den Vereinigten Staaten. Im Dezember 1979 kam es in der Ostprovinz zu Demonstrationen, als die schiitische Gemeinschaft die Ashura-Zeremonie, eines ihrer hohen Feste, in aller Öffentlichkeit begehen wollte.

Der brutalen Niederschlagung der Demonstrationen durch die Regierung und einer Welle von Verhaftungen folgten verstärkte Sicherheitsvorkehrungen in der Ostprovinz. Anhänger der wichtigsten schiitischen Oppositionsgruppe, der Organisation der Islamischen Revolution auf der Arabischen Halbinsel, wurden verfolgt, und ein Teil der Aktivisten ging ins Exil nach London oder Damaskus.

Die saudische Regierung beschuldigte den Iran, innerhalb des Königreichs Unruhe zu stiften, Waffen ins Land zu schmuggeln und zu umstürzlerischen Handlungen während der jährlichen Pilgerfahrt aufzurufen. 1987 kam es dabei zu schweren Ausschreitungen, in denen mehrere hundert iranische Pilger getötet wurden. Es folgte eine Serie von Verhaftungen saudischer Schiiten und der Abbruch diplomatischer Beziehungen mit dem Iran.

In den 80er-Jahren schenkte die saudische Regierung den wirtschaftlichen Problemen der Schiiten mehr Aufmerksamkeit. Die Schiiten begannen sich langsam von der Idee der Islamischen Revolution zu distanzieren und konzentrierten ihre Forderungen auf politische Reformen und Dialogbereitschaft.

Die schiitische Minderheit verhielt sich während des Golfkriegs von 1990/91 und dem Aufstand der irakischen Schiiten gegen das Regime von Saddam Hussein neutral, was die Befürchtung, sie sei eine fünfte Kolonne, weiter entkräftete. Die Organisation der Islamischen Revolution änderte 1992 ihren Namen in Reformbewegung um und distanzierte sich vom Radikalismus.

Die saudische Regierung begann, den Dialog mit den schiitischen Exilführern zu suchen und schloss 1993 eine informelle Vereinbarung. Als Gegenleistung für die Einstellung des Widerstands und der Propagandaaktivitäten wurden den Schiiten größere religiöse Freiräume und wirtschaftliche Unterstützung versprochen. Einige Mitglieder der schiitischen Opposition kehrten aus dem Exil zurück, und etwa 40 politische Gefangene wurden entlassen. Viele Forderungen der islamistischen, wahhabitisch inspirierten Opposition stimmen mit denen der schiitischen Gemeinschaft überein. Jedoch ist es bisher aufgrund der religiösen Differenzen nur zu zögerlicher Annäherung gekommen.

Nach dem Tod Khomeinis 1989 entspannte sich auch das Verhältnis zwischen Riad und Teheran; diplomatische Beziehungen wurden wieder aufgenommen. Anlässlich des Gipfeltreffens der Organisation der Islamischen Konferenz besuchte Kronprinz Abdullah Teheran im Dezember 1997. Dem folgten Gegenbesuche des früheren iranischen Präsidenten Akbar Hashemi Rafsanjani in Saudi Arabien im Februar 1998 und des iranischen Präsidenten, Mohammed Khatami, im Mai 1999. Die beiden Länder schlossen einige Abkommen zur Verbesserung der Kooperation in Sicherheitsfragen und der wirtschaftlichen und kulturellen Zusammenarbeit; Saudi-Arabien erhöhte die jährliche Quote für iranische Pilger.

Saudische Schiiten orientieren sich bis heute an den religiösen Zentren in Najaf und Karbala im Südirak und der Führung des Großayatollah Ali al-Sistani. Der

Machtwechsel im Irak 2003 hat deshalb zu Befürchtungen über ein politisches Wiedererstarken der schiitischen Bevölkerungsmehrheit und über ein Auseinanderbrechen des Irak geführt. Einige Analysten haben gewarnt, dass dies zur Kontrolle der Schiiten über fast die gesamten Ölreserven in der Region führen könnte.

Die islamistische Opposition

Die saudischen Islamisten bilden keinen monolithischen Block; sie setzen sich aus diversen Strömungen und ideologischen Richtungen zusammen.[14] Unter ihnen befinden sich radikale Prediger, die dem Regime vorwerfen, vom wahren Islam abgewichen zu sein und ein Bündnis mit den Ungläubigen geschlossen zu haben. Eine andere Gruppe bilden die reformorientierten Islamisten, die politische Beteiligung sowie die Einführung einer konstitutionellen Monarchie und von Wahlen fordern. Und schließlich die radikalisierten Islamisten, manchmal auch als Dschihad-Aktivisten bezeichnet, die den Umsturz des korrupten Regimes und die Vertreibung Ungläubiger von der Arabischen Halbinsel anstreben und notfalls mit Gewalt erzwingen wollen.

Im September 1992 übergaben einflussreiche Gelehrte dem Großmufti Ibn Baz ein Memorandum des Guten Rates, das die Forderungen der Petition von 1991 in verschärftem Ton wiederholte. Zu den Unterzeichnern zählten viele wahhabitische Gelehrte, Universitätsprofessoren und Richter aus dem Nadschd, der traditionellen Bastion der Saudis.

Das Memorandum verlangte eine umfassende Islamisierung des Staates und knüpfte somit an die Forderungen der Ikhwan und der Aufständischen von 1979 an. Es stellte offen das Machtmonopol der Monarchen und die bisher geltende Arbeitsteilung zwischen der Al-Saud-Familie und den Nachfahren Abd al-Wahhabs zur Diskussion: Während danach der königlichen Familie strategisch wichtige Entscheidungen vorbehalten sind, haben die *ulama* beratende Funktion und legitimieren die Entscheidungen der Herrschenden.

Der Rat der Hochrangigen Gelehrten verurteilte das Memorandum als »fehlgeleitet« und warf den Unterzeichnern vor, Uneinigkeit zu säen. Sieben der 17 Mitglieder des Rates weigerten sich, die Verurteilung zu unterzeichnen, ein Zeichen, dass viele Ratsmitglieder mit den Forderungen sympathisierten. Die sieben, und mit ihnen mehrere Universitätsprofessoren, wurden jedoch im November 1995 entlassen und später durch regimetreue Gelehrte ersetzt.

Islamistische Prediger wie Salman al-Audah und Safar al-Hawali gewannen an Popularität und bereiteten der Al-Saud-Familie zunächst die größten Schwierigkeiten. In ihren Freitagspredigten, die auf Kassetten und Flugblättern weit verbreitet wurden, begannen sie immer heftiger Kritik an der Innen- und Außenpolitik der Regierung zu üben. Sie prangerten die Korruption und das Bündnis mit den amerikanischen Ungläubigen an und stellten die Privilegien der königlichen Familie infrage.

Der Großmufti bezeichnete ihre Kritik als Verschwörung gegen die Religion, warf ihnen vor, die

Einheit des Landes zu gefährden und die Gemeinschaft zu spalten. Die Regierung verbot ihnen das Predigen und ließ sie festnehmen. Die Verhaftung al-Audahs und anderer Aktivisten 1994 führte zu – bisher höchst seltenen – öffentlichen Demonstrationen und zur Verhaftung vieler Sympathisanten in al-Qasim, dem Kernland der Wahhabiten.

Im Mai 1993 gründete eine Gruppe islamistischer Intellektueller, einige von ihnen Unterzeichner des Memorandums, das Komitee zur Verteidigung Legitimer Rechte. Sie forderten die Freilassung politischer Gefangener und prangerten Menschenrechtsverletzungen, die Willkür der Justiz und die Korruption und Verschwendungssucht der Regierung an. Allerdings gaben sie klar zu verstehen, dass sie sich für Rechte im Rahmen der Scharia einsetzten und nicht für das als fremd empfundene, westliche Konzept der universalen Menschenrechte.

Sie distanzierten sich von jeglicher Form politischer Gewalt und plädierten für Reformen, nicht für einen gewaltsamen Umsturz. Der Rat der Hochrangigen Gelehrten erließ eine Fatwa, die das Komitee verbot, da »es keinen Bedarf für dieses Komitee gibt, denn Saudi-Arabien folgt der Scharia, die den Bürgern erlaubt, Beschwerden direkt an die Behörden zu richten«.[15]

Nachdem einige der Gründungsmitglieder aus ihren Positionen entlassen und kurzfristig verhaftet worden waren, flohen zwei von ihnen, Muhammad al-Masari und Saad al-Faqih, nach London ins Exil, wo sie politisches Asyl beantragten. Aus dem Exil intensivierten sie ihre Kampagne gegen die Herrschaft der Al-Saud-Familie und versuchten, durch Faxe und E-Mails die saudische Bevölkerung zu mobilisieren.

Meinungsverschiedenheiten zwischen den beiden führten im März zu einer Spaltung der Organisation. Saad al-Faqih gründete die Bewegung für Islamische Reform in Arabien, deren Ziele und Ideologie kaum von denen des Komitees abweichen. Nach der Spaltung wurde es relativ ruhig um al-Masari, der bald in finanzielle Schwierigkeiten geriet. Saad al-Faqih setzte seine Kampagne gegen Korruption und Vetternwirtschaft der königlichen Familie fort und gründete 2002 den Oppositionssender *Sawt al-Islah* (Stimme der Reform).

Das Komitee für Rat und Reform, eine Schirmorganisation, die mit Osama bin Laden (geb. 1957) in Verbindung gebracht wird, stellt weitaus radikalere Forderungen. Während die Organisation in ihrer Anfangsphase eher reformorientiert war, radikalisierte sie sich nach dem Golfkrieg von 1990/91. Viele ihrer Ziele, etwa der Korruption ein Ende zu setzen oder die Kompetenzen der Gelehrten zu erweitern, stimmen mit denen anderer islamistischer Oppositionsgruppen überein.

Bin Ladens Hauptanliegen ist der Kampf gegen das Bündnis der Al-Saud-Familie mit den »Ungläubigen«. Dies sei »die wichtigste Angelegenheit der Gegenwart. Das Land, in dem der Koran offenbart wurde, wird jetzt von jüdischen und christlichen Truppen besetzt […]. Es ist für alle Moslems verpflichtend, mit Dschihad gegen sie zu kämpfen und sie aus dem Heiligen Land zu vertreiben.«[16] Die Dschihad-Aktivisten suchten jedoch vorerst ihre Ziele außerhalb des Königreichs, in Afghanistan, Tschetschenien, Bosnien und im Westen.

Ein Großteil der islamistischen Opposition wurde gegen Ende der 90er-Jahre friedlicher. Daraufhin entließ die Regierung viele der Inhaftierten, einschließlich al-Audah und al-Hawali. Während die beiden Prediger ihre Kritik am Regime mäßigten, begannen andere, wie zum Beispiel Mansur al-Nuqaidan, offen die strengen wahhabitischen Interpretationen infrage zu stellen und ihre alten Ideen zu revidieren. Die Einbindung von islamistischen Kritikern ist, wie später erwähnt, auch für den Kampf gegen den Terror von entscheidender Bedeutung.

Vom Fax zur Bombe

Im November 1995 wurde eine von Amerikanern genutzte Ausbildungseinrichtung der Nationalgarde in Riad durch eine Bombe zerstört. Ein Anschlag auf einen Wohnkomplex für amerikanisches Militär in al-Khobar folgte im Juni 1996. Die Attentate zeigten, dass ein Teil der Opposition bereit war, von den bisher eingesetzten Waffen Fax und Internet zur Bombe überzugehen. Die Täter zielten direkt auf das Kernstück saudischer Sicherheitspolitik: die Abhängigkeit der Monarchie von den Vereinigten Staaten.

Ursprünglich leugneten die saudischen Behörden eine Beteiligung von eigenen Landsleuten an den Anschlägen und bezichtigten ausländische Gruppierungen. Über die Identität der Attentäter wurde viel spekuliert, doch bis heute ist nicht eindeutig geklärt, wer die Schuldigen sind.

Anfang 1996 wurden einige Saudis im Zusammenhang mit dem Anschlag in Riad verhaftet. In einer vom staatlichen Fernsehen ausgestrahlten Stellungnahme gaben einige von ihnen zu, in Trainingslagern in Afghanistan und Bosnien ausgebildet und von dem Komitee zur Verteidigung Legitimer Rechte und Osama bin Laden beeinflusst worden zu sein.

Masari, der Sprecher des Komitees, bestritt jegliche Verbindung zu den Verhafteten und verurteilte das Riad-Attentat als ungesetzlichen Akt. Zwar bezeichnete er es als legitim, ein solches Ziel anzugreifen, doch bekräftigte er zugleich, dass das Komitee Gewalt ablehne.

Kurz nach dem Anschlag in al-Khobar am 25. Juni 1996, bei dem 19 Amerikaner ums Leben kamen, wurden einige Schiiten aus der Ostprovinz verhaftet. Vermutungen über eine Verwicklung Irans und der saudischen Hizbollah, einer schiitischen Oppositionsgruppe, wurden laut. Osama bin Laden lehnte die Verantwortung für den Anschlag ab, erklärte später aber: »Was im Fall der Bombenanschläge in Riad und al-Khobar passierte, ist lobenswert, denn es war gegen Diebe gerichtet [...], die kamen, um den Reichtum unserer Nation zu plündern und die heiligsten ihrer Heiligen Stätten zu entweihen.«[17]

In den folgenden Jahren kam es zu vereinzelten Anschlägen, besonders auf westliche Ausländer. Im August 2000 eröffnete ein Bewaffneter Feuer außerhalb eines Wohnkomplexes für britische und amerikanische Mitarbeiter einer Luftwaffenbasis. Im November darauf wurden zwei Autobomben-Anschläge auf einige Briten verübt.

Die saudischen Behörden leugneten politische Motive, nannten als Grund Streitigkeiten unter Alkoholschmugglern und verhafteten einen Briten, einen Kanadier und einen Belgier, die dann im saudischen Fernsehen Geständnisse ablegten. Zwei von ihnen wurden zum Tode verurteilt, später aber begnadigt.

Nach einem Bombenanschlag im September 2002, dem ein deutscher Geschäftsmann zum Opfer fiel, erklärte Prinz Nawwaf, die Anschläge seien »außergewöhnlich und isoliert ... das Resultat eines Streits zwischen Händlern illegaler Substanzen«.[18]

Am 12. Mai 2003 verübten Selbstmordattentäter drei Anschläge auf ein Wohngebäude in Riad, die insgesamt 30 Tote forderten. Die Regierung, jetzt selbst zum Angriffsziel geworden, begann offen einzugestehen, ein Terrorproblem zu haben und sagte den Terroristen den Kampf an.

In den darauf folgenden Monaten kam es zu gewaltsamen Zusammenstößen zwischen saudischen Sicherheitskräften und militanten Islamisten, auch hob die Polizei mehrere Sprengstoff- und Waffenlager aus. Am 8. November 2003 drangen zwei als Polizisten verkleidete Selbstmordattentäter in einen überwiegend von arabischen Arbeitern bewohnten Wohnkomplex ein und töteten 17 Personen, unter ihnen Frauen und Kinder. Der Anschlag geht vermutlich auf das Konto al-Qaidas.

Es folgten zahlreiche Verhaftungen, Razzien, Straßengefechte, bei denen einige der Drahtzieher getötet wurden. Am 21. April 2004 explodierte eine Autobombe vor einer Polizeistation im Zentrum Riads. Am 1. Mai 2004 wurde ein Anschlag auf das Hauptquartier einer Schweizer Firma in Yanbu, im Herzen der Ölindustrie, verübt. Befürchtungen wurden laut, dass die Öleinrichtungen ein neues Ziel von Anschlägen werden könnten.

Am 29. Mai besetzten Terroristen einen Wohnkomplex in al-Khobar und töteten systematisch nicht-moslemische Bewohner. Mehreren Attentätern gelang die Flucht, was einige Beobachter vermuten ließ, dass es Verbindungen zwischen dem Terror und den saudischen Sicherheitskräften gebe. Al-Qaida übernahm die Verantwortung für den Anschlag.

Al-Qaida-Zellen entwickelten sich auf der Arabischen Halbinsel vor allem deshalb, weil sich viele Saudis im Kampf gegen die Sowjetunion in Afghanistan engagierten. Wie im nächsten Kapitel näher erläutert wird, wurde der Dschihad gegen die Sowjets großzügig von der Regierung unterstützt und von den Religionsgelehrten als Verpflichtung ausgerufen.

Junge Saudis wurden in Schulen, Universitäten und Moscheen rekrutiert und zum Training nach Pakistan und Afghanistan geschickt. Osama bin Laden, aus dem Sudan ausgewiesen, baute mit Hilfe seines persönlichen Vermögens und Spendengeldern eine Trainingslager-Infrastruktur in Afghanistan auf, die so genannte al-Qaida (arabisch: die Basis).

Nach dem Abzug der sowjetischen Truppen aus Afghanistan und der Heimkehr der so genannten arabischen Afghanen begann sich die »Politik des Exports« gegen das saudische Regime zu richten. Ihre Rückkehr fiel mit dem Golfkrieg von 1990/91 zusammen, als die saudische Regierung westliche Truppen zur Verteidigung des Landes einlud.

Als Marionetten des Westens und der Zionisten bezichtigt, wurde die Königsfamilie somit zur neuen Zielscheibe der Kritik. Jedoch konzentrierten sich die Dschihad-Aktivisten, wie bereits erwähnt, vorerst auf Ziele außerhalb des Landes. Saudis wurden weiterhin für den Kampf an der Seite der Taliban rekrutiert oder bereiteten sich zur Verteidigung des Islam in Bosnien, Somalia oder Tschetschenien vor.

Mit dem Fall des Talibanregimes Ende 2001 verlor al-Qaida ihre Trainingsbasen in Afghanistan, viele Kämpfer kehrten ins Königreich zurück, ein Faktor, der zur Eskalation der Gewalt beitrug. Es gibt keine verlässlichen Schätzungen über die Anzahl militanter Aktivisten in Saudi-Arabien. Die täglichen Schlagzeilen über Straßengefechte und Verhaftungen von mutmaßlichen Al-Qaida-Mitgliedern lassen allerdings auf eine nicht unbedeutende Zahl schließen.

Die al-Qaida auf der Arabischen Halbinsel ist eine Verbindung loser Gruppen und Zellen, hauptsächlich durch ihre Ideologie und die gemeinsame Kampf- und Trainingserfahrung in Afghanistan verbunden.[19] Inwieweit Osama bin Laden und Ayman al-Zawahiri dabei eine Rolle spielen, oder inwieweit Kommunikations- und Befehlsverbindungen bestehen, ist unklar.

INTERNATIONALE BEZIEHUNGEN

Die Kritik der islamistischen Opposition zielt also hauptsächlich auf das enge Verhältnis zwischen der Al-Saud-Familie und dem Westen, auf die Präsenz Ungläubiger auf der Arabischen Halbinsel und den moralisch gefährlichen Einfluss westlicher Werte. Doch auch die wahhabitische Auslegung des Korans lehnt, wie bereits erwähnt, äußere Einflüsse und Kontakte mit Nicht-Moslems ab. Sie findet ihr Echo in den Predigten der Gelehrten, in den Schulbüchern und in den offiziellen Medien.

Seit Ibn Sauds Annäherung an die Briten, später an die Vereinigten Staaten, haben die Beziehungen zum Westen zu internen Spannungen geführt. Der Balanceakt zwischen innenpolitischen Erfordernissen und Sicherheitspolitik prägt die Außenpolitik des Landes. Die Beziehungen zu islamischen Staaten, die Förderung des »Exports« der wahhabitischen Lehre sowie die Rhetorik gegen Israel dienen häufig dazu, Spannungen im eigenen Land auszugleichen und die Kritiker dort zu beruhigen. Das wiederum führt dazu, dass dem Regime Heuchelei vorgeworfen wird.

Dass sich ein Land mit relativ geringer Bevölkerungszahl und -dichte und so großem Ölreichtum bedroht fühlt, weil es von revolutionären, wenn nicht sogar zeitweise feindlich gesinnten Nachbarn wie Südjemen, dem haschemitischen Königreich Jordanien umd dem Irak umgeben ist, liegt nahe. Angesichts der kleinen Armee, die aus innenpolitischen Gründen nicht ausgebaut wurde, ist das Verhältnis zu den Vereinigten Staaten deshalb ein wichtiger Sicherheitsfaktor. Das Gefühl der Verwundbarkeit verstärkte sich noch nach der Iranischen Revolution, dem Ausbruch des Iran-Irak-Kriegs und nach der sowjetischen Invasion Afghanistans.

Saudi-Arabien und die islamische Welt

Als Heimat der heiligsten Stätten des Islam ist Saudi-Arabien bestrebt, die Führungsrolle in der islamischen Welt zu spielen und etwaige Rivalen zu schwächen. Die missionarischen Aktivitäten, den »wahren« Islam, die wahhabitische Lehre, zu verbreiten, gehen zum Teil auf diesen Anspruch zurück. Durch die enormen Öleinnahmen verfügten die Saudis über die Mittel, ihre Version des Islam zu verbreiten, was manche Kritiker dazu bewog, diesen als »Petro-Islam« zu bezeichnen.

Miteinander konkurrierende religiöse Dachorganisationen wurden gegründet, jede mit dem Anspruch, die wahre Lehre zu vertreten. Saudi-Arabien unterstützte großzügig die Islamische Weltliga (1962 in Mekka gegründet), die Organisation der Islamischen Konferenz (1971 in Dschidda) sowie die so genannte World Assembly of Muslim Youth (WAMY). Die Islamische Weltliga und WAMY gelten als einflussreiche Instrumente zur weltweiten Verbreitung der wahhabitischen Lehre.

In den 60er-Jahren galt es vor allem, den säkularen Einfluss des Panarabismus und die Folgen von sozialistisch oder nationalistisch inspirierten Militärputschen, denen einige Nachbarregime zum Opfer gefallen waren, einzudämmen. Wie bereits erwähnt, bemühte sich König Faisal, als Gegengewicht eine panislamische Bewegung zu unterstützen. Mit dem Ölembargo gegen den Westen 1973 erhob Faisal Saudi-Arabiens Führungsanspruch in der arabischen und islamischen Welt und erhöhte dadurch seine Popularität.

Nach der Iranischen Revolution 1979 wurde Iran zum Hauptrivalen und Gegner. Die Revolution stellte, wie bereits erwähnt, die islamische Legitimität der Monarchie und ihren Anspruch auf die Herrschaft über die Heiligen Stätten in Frage. Teilweise als Antwort auf die Bedrohung durch den Iran gründeten Saudi-Arabien, Bahrain, Kuwait, Oman, Katar und die Vereinigten Arabischen Emirate 1981 den Golfkooperationsrat.

Ein Hauptziel der Organisation ist es, durch regionale Integration und Kooperation in der Außenpolitik und bei Sicherheitsfragen die Stabilität und Sicherheit zu verbessern und die wirtschaftliche Zusammenarbeit zu fördern. Saudi-Arabien und einige andere Ratsmitglieder entschieden sich auch im Iran-Irak-Krieg (1980–1988), den Irak finanziell großzügig zu unterstützen.

Aus Furcht, der Iran würde die islamische Revolution in andere Länder exportieren und die schiitischen Gemeinden in den Golfstaaten zur Rebellion aufstacheln, tolerierte der Westen Saudi-Arabiens Export des wahhabitischen Fundamentalismus und unterstützte ihn mitunter sogar. Die Hilfe für die Mudschaheddin (Gotteskrieger) gegen die Sowjetunion wurde auch als wichtiges Mittel im Kalten Krieg gesehen.

Saudi-Arabiens Unterstützung reicht vom Bau neuer Moscheen, islamischer Kulturzentren, Schulen und Universitäten über die Vergabe von Stipendien bis zur finanziellen Hilfe bei der jährlichen Pilgerfahrt nach Mekka und Medina. Auch lässt der Staat den Koran und religiöse Texte von islamistischen Intellektuellen verteilen, die im Königreich Zuflucht vor der Verfolgung in ihren Heimatländern fanden.

Geographisch erstreckt sich der saudische Einflussbereich von Marokko über Bosnien bis nach Zentralasien. Die Regierung, die Wohltätigkeitsorganisationen und einzelne Bürger finanzieren auch Moscheen und Schulen (mit saudischem Lehrplan) in westlichen Ländern. Der Besuch der 16 König-Fahd-Akademien, darunter in Großbritannien, Deutschland, Österreich und den Vereinigten Staaten, ist für Studenten kostenlos.

Seit dem 11. September sind Saudi-Arabiens missionarische Aktivitäten ins Kreuzfeuer westlicher Kritik geraten. Sie wirft dem Königreich vor, durch die Verbreitung der wahhabitischen Lehre, mit der ihr innewohnenden Intoleranz und der Ablehnung von Neuerungen, islamistische Bewegungen weltweit gefördert zu haben. Auch würden die Saudis Organisationen finanziell unterstützen, die den Hass gegen Amerika schürten und sogar in die Planung von

Terrorakten verwickelt gewesen seien. Besonders schwerwiegend waren Anschuldigungen, dass Teile der Königsfamilie davon gewusst hätten.

Bis Ende 2001 unterhielt Riad diplomatische Beziehungen zum Talibanregime. Nach dem 11. September und der Weigerung der Taliban, Osama bin Laden auszuliefern, gerieten die Saudis zunehmend unter Druck, die Verbindung abzubrechen. Ihre jahrzehntelange Unterstützung von Koranschulen an der afghanisch-pakistanischen Grenze, die die Verbreitung der Dschihad-Ideologie und die Kampfausbildung von Terroristen förderten, stand im Mittelpunkt der Kritik.

Gewiss sind nicht alle Absolventen der von den Saudis finanzierten Koranschulen militant, fanatisch oder anti-westlich ausgerichtet. Die Unterstützung von Koranschulen ermöglichte es vielen jungen Leuten, lesen und schreiben zu lernen. Jedoch bereitet eine hauptsächlich religiöse Erziehung schlecht auf den Arbeitsmarkt vor. Angesichts der oft bitteren Armut und der damit einhergehenden Arbeits- und Perspektivlosigkeit ist es leicht, unter den Studenten willige Rekruten zu finden.

Wenn die wahhabitische Botschaft in einem Land verbreitet wird, in dem ein latenter Konflikt zwischen Moslems und Nicht-Moslems besteht, oder wenn dort eine andere islamische Richtung vorherrscht, kann diese Botschaft, verbunden mit dem Bekehrungseifer der Prediger, zum Zündstoff werden. In den meisten Ländern ist die puritanische Lehre dem dort praktizierten Islam fremd. Durch den Zustrom arabischer Missionare kann es rasch zu Konflikten mit den lokalen religiösen Autoritäten und Gemeindeführern kommen.

Die Forderung, dass Frauen sich verschleiern müssen, ist beispielsweise in den zentralasiatischen Republiken, die unter der Sowjetzeit weitgehend säkularisiert wurden, fremd. Es gibt viele Berichte von dort, aber auch aus Bosnien, Kosovo und der arabischen Welt, dass in Schulen, die von den Saudis finanziert werden, Schülerinnen aufgefordert werden, ein Kopftuch zu tragen.

Saudi-Arabien und der Westen – ein ambivalentes Verhältnis

Seit der Entdeckung reicher Ölvorkommen und der Vergabe von Bohrkonzessionen an US-Firmen ist Saudi-Arabien ein Eckpfeiler amerikanischer Strategie in der Golfregion. Bereits 1943 hob Präsident Franklin D. Roosevelt die strategische Bedeutung des Partners für sein Land hervor. Seither ist die amerikanische Politik bestrebt, die Stabilität des Regimes und den Zugang zu den Ölreserven zu sichern.

Der Umsturz des Schah-Regimes im Iran 1979 und die sowjetische Invasion in Afghanistan verstärkte die strategische Bedeutung des Königreichs für den Nahen und Mittleren Osten. Riad wurde Partner im Kalten Krieg, sandte Glaubenskrieger nach Afghanistan und unterstützte Amerikas Interessen in der Region. Nach dem Einmarsch irakischer Truppen in

Kuwait 1990 wurde das Königreich zum Stützpunkt für amerikanische Truppen und Militärbasen. Die Vereinigten Staaten sahen dafür den Saudis vieles nach, ignorierten die Menschenrechtsverletzungen und duldeten den Export einer fremdenfeindlichen Auslegung des Islams.

Im Gegenzug sorgt das Al-Saud-Regime für eine moderate Ölpolitik und Preisstabilität. Innerhalb der Organisation Erdölexportierender Länder (OPEC) fungiert Saudi-Arabien als »swing producer«: Je nach Nachfrage produzieren die Saudis mehr oder weniger Öl, um so Preisschwankungen abzufedern und den Markt zu stabilisieren.

Außerdem half Riad mit gigantischen Waffenkäufen, die amerikanischen Rüstungskonzerne mitzufinanzieren. Dadurch entstanden häufig enge geschäftliche Beziehungen wie jene zwischen der Familie Bush und der Al-Saud-Familie, die in Michael Moores Erfolgsfilm *Fahrenheit 9–11* dargestellt werden. So kam es, dass das saudische Militär immer abhängiger von amerikanischer Technologie, Ausbildungspersonal und Sicherheitsgarantien wurde.

Um der internen Kritik entgegenzuwirken, verharmloste die Regierung in ihrer offiziellen Rhetorik das Verhältnis zu den Vereinigten Staaten. Obwohl beispielsweise der saudische Außenminister im November 2002 erklärte, es sei amerikanischen Truppen nicht gestattet, von Saudi-Arabien aus den Irak anzugreifen, wurden ein knappes halbes Jahr die Luftwaffenbasen für Angriffe auf den Irak mitbenutzt. Es ist ein offenes Geheimnis, das die Glaubwürdigkeit der

Regierung schwächt. Trotz des offiziellen Abzugs der amerikanischen Truppen aus Saudi-Arabien 2003 wird die Prinz-Sultan-Basis weiterhin von den USA genutzt.

Die Kritik der Saudis am Westen gilt vor allem der Unterstützung Israels durch die Amerikaner. Saudische und arabische Medien berichten täglich über die Menschenrechtsverletzungen Israels und die Misshandlung der Palästinenser. Für viele gelten die palästinensischen Opfer als Märtyrer im Befreiungskampf und das amerikanische Schweigen und die Tatenlosigkeit als ein Zeichen für zweierlei Maßstäbe und Mittäterschaft.

Anfang 2002 legte Kronprinz Abdullah einen bemerkenswerten Friedensplan vor: Riad würde Israel diplomatisch anerkennen, wenn es sich aus den 1967 besetzten Gebieten zurückziehe. Das Angebot wurde von vielen Saudis heftig kritisiert, Israel dagen würdigte es nicht einmal einer offiziellen Antwort.

Das Verhältnis zwischen Saudi-Arabien und dem Westen, besonders zu den Vereinigten Staaten, ist seit den Anschlägen des 11. September stark belastet und seitdem immer wieder hinterfragt worden. Einige amerikanische Beobachter bezeichneten das Königreich sogar als das wahre Zentrum der Achse des Bösen und forderten die Übernahme der saudischen Ölfelder. Im November 2003 brachten Kongressabgeordnete einen »Saudi Arabia Accountability Act« als Gesetzesvorschlag ein, der Sanktionen gegen Saudi-Arabien androhte, falls Präsident Bush nicht bestätigte, dass das Königreich alle ihm möglichen Maßnahmen zur Bekämpfung des Terrors ergriff.

Die Zusammenarbeit mit den saudischen Geheimdiensten, ursprünglich zögerlich und von den Amerikanern heftig kritisiert, hat sich besonders nach den Anschlägen vom Mai 2003 wieder verbessert. Saudische Behörden haben die Kontrollen über Spendengelder und Wohlfahrtsorganisationen verschärft, verdächtige Konten gesperrt und dem Terror, wie im nächsten Kapitel näher erläutert wird, den Kampf angesagt.

Angesichts der heftigen Kritik, die viele Saudis als Schmutzkampagne gegen den Islam empfinden, hat die Regierung auch eine intensive Werbe- und Charmeoffensive gestartet, um ihr Image zu verbessern und die Stabilität des Landes hervorzuheben.

Seit Präsident Bushs Kriegserklärung gegen den Terror und seiner Demokratieinitiative für den Nahen und Mittleren Osten hegen viele Saudis Misstrauen gegenüber den Motiven der Vereinigten Staaten in der Region. Viele vermuten, dass sie die Terrorismusbekämpfung und den Krieg im Irak als Vorwand benutzen, um ihre energiepolitischen und strategischen Interessen durchzusetzen.

Der Druck der Vereinigten Staaten, die politischen Reformen zu beschleunigen, sowie ihre scharfe Kritik am religiösen Erziehungswesen Saudi-Arabiens schwächen die Befürworter von Reformen. Im Januar 2004 etwa warnten 156 Religionsgelehrte und Universitätsprofessoren vor einer Änderung der

Lehrpläne, da dies »das Königreich auf den Pfad der Ungläubigen« führen würde.

Sie forderten Lehrer und Eltern auf, die geplante Reform abzulehnen, warfen der Regierung vor, sich amerikanischem Druck zu beugen und erklärten, dass »die Verteidigung unseres Lehrplans die Verteidigung unserer Existenz und Identität ist«.[20] Aufgrund dieser heftigen Kritik will die Regierung nicht den Eindruck erwecken, dass sie Forderungen von außen nachgibt, was wiederum die Reformen verzögert.

Die Grundlagen des Bündnisses zwischen den beiden Staaten, Saudi-Arabiens Sicherheitsbedürfnis und die Abhängigkeit des Westens von Saudi-Arabiens Öl, bleiben trotz der Spannungen und des gegenseitigen Misstrauens erhalten. Zusätzlich wurden sich Riad und Washington bewusst, dass sie mit den Dschihad-Ideologen und -Aktivisten einen gemeinsamen Feind haben und der Krieg gegen den Terror nur gemeinsam gewonnen werden kann.

AUSBLICK: DER KAMPF GEGEN DEN TERROR

Die intensive internationale Kritik nach dem 11. September und die Bombenattentate auf saudischem Boden entfachten eine interne Debatte über die Ursachen des religiösen Extremismus. Kritiker nutzten die vorübergehende Lockerung der Zensur und forderten einen offeneren Regierungsstil, Bildungsreformen und mehr religiöse Toleranz.

Kurz nach dem Attentat im Mai 2003 schrieb Mansur al-Nuqaidan, ein saudischer Journalist und Intellektueller: »Das Hauptproblem ist, dass diese radikalen Gruppen ihre Rechtfertigung vom wahhabitischen Gedankengut ableiten [...] Es ist ein enormes Problem. Es ist wie ein Oktopus, der, mit seinen Armen überall, die Gedanken in jedermanns Verstand pflanzt.«[21]

Ein anderer Journalist fragte: »Haben wir geholfen, diese Monster zu erschaffen? Unser Bildungssystem, das Toleranz gegenüber anderen Religionen nicht betont – geschweige denn anderen islamischen Rechtsschulen gegenüber –, ist eine Sache, die von oben bis unten neu bewertet werden muss.«[22]

Diesen Liberalisierungsversuchen treten starke konservative Kräfte entgegen, die jegliche Reform ablehnen, die als westliche Verschwörung gegen den Islam angesehen wird. Die Debatten spiegeln die Spannungen in der Gesellschaft wider, der Riss zieht sich sogar durch das Herrscherhaus. Während Kronprinz Abdullah bereits einige vorsichtige Reformen wagte, sind andere Al-Saud-Fraktionen eher am Erhalt des Status quo und ihrer Privilegien interessiert.

So behauptete Innenminister Prinz Naif selbst ein Jahr nach dem 11. September noch, dass es sich bei den Anschlägen um eine zionistischen Verschwörung gehandelt habe. Außerdem spielte er immer wieder die politische Brisanz der Anschläge auf Ausländer herunter, indem er ausländische oder kriminelle Elemente als Täter beschuldigte.

Die Unsicherheit über die Thronfolge und das hohe Alter der dem inneren Machtzirkel zugehörigen Prinzen erschweren zusätzlich den Reformkurs. Besonders seit König Fahd 1995 einen Schlaganfall erlitt und Kronprinz Abdullah die Regierungsgeschäfte übernahm, häufen sich Gerüchte und Spekulationen über die Machtkämpfe zwischen dem Kronprinzen und den »Sudeiri-Sieben«.

Weil die meisten Söhne Ibn Sauds mehr als 70 Jahre alt sind, stellt sich dringend die Frage der Thronfolge und des Übergangs der Herrschaft auf die nächste Generation. Die bisherigen Könige unterstützten die Ambitionen ihrer Söhne, indem sie ihnen Ministerämter oder andere wichtige Positionen verliehen. In der Enkelgeneration Ibn Sauds gibt es jedoch keinen klaren Thronanwärter. Das 1993 eingeführte Grundsystem beschränkt sich auf die vage Formulierung, dass die Thronfolge auf die direkten Nachkommen Ibn Sauds übergehen soll.

Im Augenblick wird der Kampf gegen den Terror von Sicherheitsmaßnahmen bestimmt. Das hat dazu geführt, dass einige der Drahtzieher der Anschläge in Straßengefechten erschossen oder verhaftet wurden. Nach dem Attentat im November 2003 gab Prinz Turki al-Faisal, der ehemalige Geheimdienst-Chef, zu, dass Saudi-Arabien nicht nur auf die Mitglieder des Al-Qaida-Netzwerks Jagd macht, sondern auch auf die »Ideen, die sie zu Terroristen machten [...] durch die Erziehung der Jugend und die Betonung der gemäßigten Charakteristika der Moslems, die Extremismus und Gewalt ablehnen, sowie durch die Schaffung von Arbeitsplätzen und die Inangriffnahme der wirtschaftlichen Schwierigkeiten, um dem Terrorismus die Mittel zur Rekrutierung zu nehmen«.[23]

Der »Kampf der Ideen« ist langwierig und erfordert einen Balanceakt zwischen ungeduldigen Reformern und ihren Gegnern. Die jahrzehntelange Indoktrination mit wahhabitischem Gedankengut wird sich noch lange auswirken. Die Entfernung kontroverser Passagen aus den Schulbüchern ist daher ein erster wichtiger Schritt. Jedoch wird das Dschihad-Gedankengut weiterhin durch das Internet und teilweise in den Moscheen verbreitet.

Nach dem 11. September warnte Kronprinz Abdullah die *ulama* in einer Fernsehansprache: »Ihr wisst, dass wir schwere Zeiten durchmachen. Ihr sollt vorsichtig sein und eure Brüder mit Vorsicht beraten. Es ist eure Pflicht, jedes Wort, bevor ihr es aussprecht, abzuwägen.«[24] Seitdem wurden einige hundert, manche sprechen sogar von einigen tausend, konservative Gelehrte in Umerziehungskurse geschickt, um zu lernen, wie man die Religion in gemäßigterer Form vermittelt.

Die Regierung greift auf wahhabitische Gelehrte zurück, um die Botschaft der Dschihad-Aktivisten zu entlarven und um Druck auf »fehlgeleitete« Kollegen auszuüben. Einige von ihnen zogen daraufhin umstrittene Fatwas zurück und distanzierten sich von der Gewalt, al-Qaidas Aktivitäten und den Angriffen auf Nicht-Moslems. Die Abhängigkeit der königlichen Familie von den wahhabitischen Gelehrten im Kampf gegen den Terror und besonders im »Kampf der Ideen« bremst das Tempo der Reformen, und in manchen Fällen wie den Frauenrechten verhindert sie sogar eine Lockerung der Einschränkungen.

Im Januar 2003 unterzeichneten 104 Religionsgelehrte, Akademiker und Geschäftsleute eine Petition an die Regierung mit dem Titel »Eine Vision für die Gegenwart und Zukunft Saudi-Arabiens«. Sie bildeten ein breites Spektrum der saudischen Gesellschaft aus allen Regionen des Landes und repräsentierten unterschiedliche politische und religiöse Überzeugungen; auch Mitglieder der schiitischen Minderheit zählten zu dieser Gruppe.

Sie forderten offene nationale Foren, um die Probleme des Landes zu diskutieren, sowie Wahlen für den Konsultativrat und die Gründung von Interessen- und Berufsverbänden. Kronprinz Abdullah lud einige von ihnen zu einem Gespräch ein und griff mehrere ihrer Forderungen auf. Andere Unterzeichner jedoch wurden inhaftiert und zu der Erklärung gezwungen, nicht mehr politisch tätig zu werden. Einige Liberale, die eine konstitutionelle Monarchie gefordert hatten, wurden mit Reise- und Publikationsverboten bestraft und verloren ihre Arbeitsstelle.

Im April forderten einige prominente Schiiten, die Diskriminierung ihrer Minderheitengruppe zu beenden. Eine weitere Petition »Zur Verteidigung der Nation« wurde im September 2003 von mehr als 400 Saudis, darunter 50 Frauen, eingereicht. Sie machten die politischen Restriktionen und indirekt auch die wahhabitische Auslegung des Islams für die Entstehung der radikalen Gruppen und die Eskalation der Gewalt verantwortlich.

Eine gemeinsame Petition von islamistischen Reformern, Liberalen und Schiiten im Dezember plädierte für eine konstitutionelle Monarchie und eine Verfassung. Die Unterzeichner argumentierten, dass die geforderte Regierungsform, verbunden mit Gewaltentrennung und Meinungsfreiheit, das beste Mittel gegen den Extremismus sei.

Das Regime kam ihnen mit einigen Reformzugeständnissen entgegen, die sich bisher jedoch überwiegend auf Gesten und Worte beschränkten. Es organisierte einige nationale Dialogforen, die Vertreter unterschiedlicher religiöser und politischer Meinungen zusammenbrachte. Zum ersten Mal in der Geschichte des Königreichs diskutierten Schiiten, Sufis sowie einige Aktivisten gemeinsam über eine Reform des Erziehungswesens, die Rolle der Frau und die Ursachen des Extremismus.

Außerdem hielt die Regierung eine Menschenrechtskonferenz ab und gründete eine nationale Menschenrechtsorganisation. Seit Mai 2002 gibt es ein neues Strafrecht, das Folter verbietet und rechtlichen Beistand garantiert. Jedoch berichten internationale Menschenrechtsorganisationen weiterhin von Misshandlungen Inhaftierter, Haft ohne Kontakt zur Außenwelt und Gerichtsverhandlungen im Schnellverfahren.

Ende 2003 kündigte die Regierung Lokalrats-Wahlen für Ende 2004 an. Insgesamt soll die Hälfte der 178 lokalen Räte gewählt werden, die andere Hälfte wird weiterhin von oben ernannt. Diese Kommunalwahlen werden von vielen als ein erster Schritt und ein Experiment gewertet. Ein frei gewähltes Parlament würde wahrscheinlich unter den momentanen politischen Gegebenheiten und in einem Land, das Pluralismus nicht gewohnt ist, zu einer Mehrheit für die Islamisten führen.

Viele Faktoren bestimmen den Erfolg im Kampf gegen den Terror und die Stabilität des Landes: außenpolitisch der internationale Ölmarkt und die Situation im Irak, innenpolitisch der Erfolg wirtschaftlicher Reformen und die Integration der jungen Generation. Eine vom Staat beauftragte Umfrage zeigte, dass die Saudis die Arbeitslosigkeit als ihre größte Sorge sehen, nicht den Extremismus.

Für die Stabilität der Monarchie sind deshalb in erster Linie wirtschaftliche Reformen und die Reduzierung der Jugendarbeitslosigkeit entscheidend. Die Rekordölpreise 2004 und die hohen Haushaltsüberschüsse mildern den wirtschaftlichen Druck, dienen jedoch als Vorwand, um wichtige Reformen aufzuschieben.

Obwohl Meinungsumfragen die Popularität Osama bin Ladens bestätigen, hält ihn nur eine kleine Minderheit für eine politisch glaubwürdige Alternative.[25] Vielen Saudis ist die Al-Saud-Familie ein Garant, dass extremistische Gruppierungen nicht an die Macht kommen. Die Rolle der Al-Saud-Familie als Vermittler zwischen Befürwortern und Gegnern der Modernisierung ist, schon seit der Gründung des Staates, nicht zu unterschätzen. Die Herrscherfamilie kann jedoch dieser Vermittlerrolle zukünftig nur gerecht werden, wenn es ihr gelingt, die Monarchie durch mehr politische Beteiligungsmöglichkeiten zu reformieren.

Die wachsenden ökonomischen und sozialen Probleme, die Frage der Thronfolge, die regionalen Entwicklungen sowie vor allem der Kampf gegen den Terror lassen allerdings befürchten, dass die Regierung verstärkt auf autoritäre Machtausübung zurückgreift. Die größte Gefahr für die Stabilität des Königreichs ist nicht die Opposition, sondern das Festhalten am Status quo und die Stagnation aus Angst vor Veränderungen und Machtverlust.

ANMERKUNGEN

[1] Arab News, »Saudi government urged to update education system«, 20. Mai 2002

[2] James Buchan: »Secular and Religious Opposition in Saudi Arabia«, in Niblock, Tim (Hg.), *State, Society and Economy in Saudi Arabia*, London, Croom Helm, 1982, p.122

[3] Siehe auch Eleanor Doumato: »Women and Stability of Saudi Arabia«, *Middle East Report*, Juli/August 1991 oder »Women and Work in Saudi Arabia – How Flexible are Islamic Margins?«, *Middle East Journal*, Herbst 1999, S. 568-583

[4] Reuters, »Saudi Arabia cleric set boundaries on reforms«, 28. Januar 2004

[5] Human Rights Watch, »Saudi Arabia: Religious Police Role in School Fire Criticised«, 15. März 2002

[6] *Arab News*, 5. Januar 2003

[7] Daten siehe *International Monetary Fund*

[8] Anthony Cordesman: *Saudi Arabia – Guarding the Desert Kingdom*, Boulder Colorado, Westview Press, 1997, S.4

[9] *The Economist*, »People pressure«, 21. März 2002

[10] »*Fatawa Islamiyah* – Islamic Verdicts«, Vol. 1, Darussalam, Riyadh, 2001, S. 260

[11] *Arab News*, 6. Januar 2004

[12] Lawrence Wright. »The Kingdom of Silence«, *The New Yorker*, 5. Januar 2004

[13] Amnesty International: »Saudi Arabia: Religious Intolerance; the arrest, detention and the torture of Christian worshippers and Shia Muslims«, 1994, S.16

[14] Für Details siehe *ICG Report* »Who are the Islamists?«

[15] *Arab Press Service* , 12. Mai 1993, S.11

[16] *Reuters*, 27. Mai 1998

[17] *Al-Quds al-Arabi* in *Mideast Mirror*, 27. November 1996, S.12

[18] BBC News, 2. Oktober 2002

[19] Für Details siehe ICG Report »Who are the Islamists?«

[20] *The Economist*, 24. Januar 2004, S.42

[21] *New York Times*, »Saudis Re-Examine an Islamic Doctrine Cited by Militants«, 25. Mai 2003

[22] *Arab News*, »How long before the first step?«, 5. Mai 2004

[23] *Arab News*, 13. Dezember 2003

[24] *New York Times*, »For Saudi cleric battle shapes up as infidel versus Islam«, 5. Dezember 2001

[25] *Daily Star*, 24. Juni 2004

LITERATUR

Al-Rasheed, Madawi: *A History of Saudi Arabia*, Cambridge: Cambridge Unversity Press, 2002

International Crisis Group: »Can Saudi Arabia Reform Itself?«, *ICG Middle East Report* Nr. 28, Cairo/Brussels, Juli 2004

International Crisis Group: »Saudi Arabia Backgrounder: Who are the Islamists?«, *ICG Middle East Report* Nr. 31, Brussels, September 2004

International Monetary Fund: *International Financial Statistics Yearbook*, Washington DC, 2000 und 2003

Fandy, Mamoun: *Saudi Arabia and the Politics of Dissent*, Basingstoke: MacMillan, 1999

Fürtig, Henner: *Demokratie in Saudi-Arabien? Die Al Saud und die Folgen des zweiten Golfkrieges*, Berlin: Das Arabische Buch, 1995

Prokop, Michaela: »Education in Saudi Arabia – The Challenge of Reforming the System and Adapting the Message«, *Orient*, 43 (2002), Heft 4, S. 559–581

Prokop, Michaela: »The politics of education in Saudi Arabia«, *International Affairs*, Vol. 79, No. 1, Januar 2003

Steinberg, Guido: »Die innenpolitische Lage Saudi-Arabiens nach dem 11. September«, Hamburg: Deutsches Orient Institut Focus, Februar 2003

DIE AUTORIN

Michaela Prokop, geboren 1971, studierte internationale Politik mit Schwerpunkt Mittlerer Osten an der University of Wales, Großbritannien, und am Institut d'Etudes Politiques, Aix-en-Provence, Frankreich. Sie promovierte 1999 über die politischen und wirtschaftlichen Auswirkungen der Finanzkrise in Saudi-Arabien am Institute for Middle Eastern and Islamic Studies, University of Durham, Großbritannien. Während des Studiums verbrachte sie mehrere Forschungsaufenthalte im Mittleren Osten und war als Analystin für die Golfregion beim Internationalen Sekretariat von Amnesty International in London tätig. 2001 als Saudi-Arabien-Analyst bei der International Crisis Group, Mittelostprogramm, Studie über das saudische Bildungssystem. Seit Juli 2002 arbeitet sie als Volkswirtin mit Schwerpunkt Afghanistan bei der Asiatischen Entwicklungsbank.

ZEITTAFEL

1744	Bündnis zwischen Mohammed Ibn Saud und Mohammed Ibn Abd al-Wahhab
1744–1818	Erstes Saudisches Reich
1824–1891	Zweites Saudisches Reich
1902	Rückeroberung von Riad durch Ibn Saud
1924	Kapitulation von Taif (Hedschas) Abdankung Scherif Husseins
1926	Proklamation Ibn Sauds zum König von Hedschas und Sultan von Nadschd
1929/30	Sieg über die Ikhwan-Rebellen
1932	Offizielle Gründung des Königreichs Saudi-Arabien
1933	Erste Ölkonzession
1953	Tod Ibn Sauds Erste Streikwelle
1964	Abdankung König Sauds, Faisal wird neuer König
1973	Ölembargo, rapider Anstieg der Öleinnahmen
1975	Ermordung König Faisals, Khalid übernimmt Thron
1979	Aufstand in der Großen Moschee von Mekka Iranische Revolution und Unruhen in der Ostprovinz Einmarsch sowjetischer Truppen in Afghanistan
1982	Tod König Khalids, Fahd wird König
1986	Ölpreise fallen auf historischen Tiefpunkt Fahd übernimmt Titel »Hüter der Zwei Heiligen Stätten«

1990	Einmarsch irakischer Truppen in Kuwait Frauendemonstration in Riad
1991	Beginn des Golfkriegs Erste Petitionen an König Fahd
1992	Ausrufung des Grundsystems der Herrschaft und Bildung des Konsultativrates
1993	Gründung des Komitees für die Verteidigung Legitimer Rechte
1995	König Fahd erleidet Schlaganfall, Kronprinz Abdullah übernimmt Staatsgeschäfte Anschlag auf Ausbildungseinrichtung der Nationalgarde in Riad
1996	Bombenattentat auf Wohnkomplex von amerikanischem Militärpersonal in al-Khobar
2001	Anschläge auf das World Trade Center und Pentagon, 15 der 19 Attentäter sind saudische Staatsbürger
2003	Beginn des Nationalen Dialogs 12. Mai: drei Bombenanschläge in Riad 8. November: Anschlag auf Wohnkomplex in Riad
2004	21. April: Explosion einer Autobombe vor einer Polizeistation in Riad 1. Mai: Anschlag auf Schweizer Firma in Yanbu 29. Mai: Anschlag auf westlichen Wohnkomplex in al-Khobar

PERSONENREGISTER